读懂投资 先知未来

大咖智慧
THE GREAT WISDOM IN TRADING

成长陪跑
THE PERMANENT SUPPORTS FROM US

复合增长
COMPOUND GROWTH IN WEALTH

一站式视频学习训练平台

THE COMPLEAT
DAY
TRADER

短线交易大师

精准买卖点

[美] 杰克·伯恩斯坦=著
褚耐安=译

山西出版传媒集团
山西人民出版社

图书在版编目(CIP)数据

短线交易大师:精准买卖点 /(美)杰克·伯恩斯坦 著;褚耐安 译

——太原:山西人民出版社,2011.5(2023.8重印)

ISBN 978-7-203-07227-0

Ⅰ.①短… Ⅱ.①伯…②楚… Ⅲ.①股票交易 -- 基本知识 Ⅳ.①F830.91

中国版本图书馆 CIP 数据核字(2011)第 057295 号

短线交易大师:精准买卖点

著　　者:(美)杰克·伯恩斯坦
译　　者:褚耐安
责任编辑:贺权
装帧设计:蒋宏工作室

出　版　者:山西出版集团·山西人民出版社
地　　址:太原市建设南路 21 号
邮　　编:030012
发行营销:0351-4922220　4955996　4956039
　　　　　0351-4922127 （传真）　4956038　（邮购）
E - mail : sxskcb@163.com 发行部
　　　　　sxskcb@126.com 总编室
网　　址:www.sxskcb.com

经销者:山西出版集团·山西人民出版社
承印者:廊坊市祥丰印刷有限公司

开　　本:787mm×1092mm 1/16
印　　张:14.5
字　　数:250 千字
版　　次:2011 年 5 月第 1 版
印　　次:2023 年 8 月第 4 次印刷
书　　号:978-7-203-07227-0
定　　价:36.00 元

如有印装质量问题请与本社联系调换

热 议

精确的指标应该运用于优秀的思维以及严格的交易纪律之上。《短线交易大师》给予了我们启发。

——新湖期货董事长 马文胜

国外成熟市场的操作策略给了我们全新的分析视角。此书在指标的实战运用方面很有新意，值得回味。

——《期货兵法》《期货策略》作者 方志

金融投资市场是个多元化多生态的市场。这是一本从日内交易角度阐述经验和投资智慧的著作，即便对结构性投资的长线投资者，也会在技巧上给予您启迪。

——道通期货研究所所长 范适安

杰克·伯恩斯坦是优秀的作者，通过清晰、简洁、易学易用的方式，出色地分享了他的思考。杰克·伯恩斯坦经验丰富，谈论起交易向来直来直去。

——"交易赢家的优势"网站

日内交易方法众多,正如本书所展示的。书中按照市场行为的不同,将各种日内交易方法和事件分类,是一本获利技术的实用指南。书中对广为人知的指标所做的优化是亮点,可以在期货和外汇市场中得到运用。

——戴若·顾比

各位期货交易者必须先学会"不贪"与"停损"。千万不要抱待"明天会更好"的信念。"把握今天"不但是一般期货交易人的致胜要决,也是当日冲销交易者的金玉良言。

——美商嘉吉期货台湾分公司总经理　卢立正

特别感谢文华财经交易技术研究部的谷学友和张祎为本书重新绘制插图和练习图,他们奉献的专业知识帮助了本书的顺利出版。

目录

推荐序：大道至简

推荐序：当冲高手

作者中文版序

原著序

导论

1 基本分析……………1
2 当日冲销的真义………5
3 交易系统……………9
4 移动平均线…………15
5 K、D值的运用………31
6 开盘跳空缺口………49
7 压力与支撑…………67
8 相对强弱指标………85
9 动能指标……………93
10 速率指标……………99
11 箱形区间……………105

- 12 传统技术分析理论……………109
- 13 始价和终价的玄机…………117
- 14 抢帽子………………127
- 15 下单技巧……………135
- 16 季节因素……………143
- 17 套利交易……………155
- 18 系列终价指标…………163
- 19 市场心理……………169
- 20 转折点………………179
- 21 整合要素……………185
- 22 克服当日冲销的心理障碍………189
- 23 24小时交易的冲击…………195
- 24 掌握成功之钥…………199

大道至简

当今全球金融市场一体化的程度越来越高,中国的金融市场也正在逐渐与全球金融市场接轨。尤其是近几年国际金融市场动荡起伏,金融市场中的泡沫越来越多,各金融市场的波动也愈来愈剧烈。在此背景下,以往传统的价值投资模式遭遇到了较大的冲击,较大的波动使得许多个人乃至部分机构投资者所需忍受的资金回调大幅增大,传统的单纯以个人主观思想来投资的方式在现如今的金融市场上的操作难度加大且更加难以把控,本书所倡导的短线交易、系统化交易的理念愈加受到投资者的青睐。

在过去的十年中,商品基金构成了国外商品期货市场每日交易的重要组成部分,它们成为期货市场内的活跃因素,并左右商品的价格走势。其中,最具影响力的商品基金是期货CTA基金,它们在基本金属、原油、农产品交易方面拥有最多的头寸。根据统计,在伦敦金属交易所两种最活跃的交易商品(铜和铝)以及国际原油市场,期货CTA持有的头寸占到了相当大的比例。在所有的期货CTA基金中,程序化交易类占到了最大的部分,有超过60%的期货CTA是采用程序化交易的方式进行交易,也即是说商品市场中有相当大的交易是系统化交易所产生的,而交易模式愈来愈趋于短线化、高频化。在国内,虽然没有准确的数据,但据预测,国内的期货私募基金已经超过了1000只,大部分期货私募基金都会分出不低于1/3的资金专门用于程序化交易。期货市场的程序化交易模型也正逐步由投资者编制自用,演变为有一定规模的投资咨询顾问组成的专业团队参与。目前单兵作战的个人投资者和有一定规模的专业团队构成了国内程序化交易模型的供给主体,且程序化交易模型已经覆盖了日内交易、波段交易和长线交易的国内商品期货的所有品种,其中日内交易模型占比最高。

因此,从国外的发展经验,结合国内的实际状况,我们可以看出,基于高效率概念的程序化日内交易模式因其不存在过夜持仓、所需忍受的资金回调相对较小且可控而开始逐渐受到大众投资者的青睐。

本书从传统宏观到微观进行了较为详细地阐述了投资的各种方式和策略,在一定程度上改变了人们的投资理念,提升了交易效率,非常务实和实用,充分地揭示了程序化短线交易模式在未来交易中的地位。

原书作者伯恩斯坦作为期货界的投资大师,也是期货业最有名的交易商之一。他原是心理学家,后因一个偶然的机会进入了期货界,开始由于伯恩斯坦没有自己的资金去做交易,只能通过卖交易策略和方法来积累足够的资本金,并通过自己的方法最终自己去做交易获得成功。伯恩斯坦迄今为止共写作了20多本有关交易以及交易理念方面的书籍,所著的书籍以可读性较强而著称,在中国期货市场有较为广泛的认知度。

《短线交易大师——精准买卖点》这本书适合有一定短线交易经验的读者阅读。对于没有短线交易经验的读者,可能不太容易读懂。但对于有一定短线交易操作经验的投资者来说,这本书会起到总结、提点、梳理的作用。作者在书中倾向于程序化交易系统论述,认为程序化交易系统是交易计划、交易纪律和交易心理的完美体现。所谓程序化交易,也即根据一定的交易模型和规则生成买卖信号,由计算机自动执行的交易过程。程序化交易(Program Trading)起源于1975年美国出现的"股票组合转让与交易",即专业投资经理和经纪人可以直接通过计算机与股票交易所联机,来实现股票组合的一次性买卖交易。由此,金融市场的订单实现了电脑化。80年代,程式化交易发展很快,交易量急剧增加,因为软件使用的类同和止损功能的引入,加剧了市场的方向效应;进入90年代,出现了把程式化交易作为竞争手段的经纪公司,投资组合的方式丰富多彩,比如FOLIOfn公司就有多种程式组合方案设计:按照投资者的投资风格进行风险投资方案的订做、实施标准的指数化投资、跨市场套利等,并配以计算机自动化交易操作模式,以满足不同投资者的要求。

现如今,国外的一个主流期货交易所超过半数的交易均是通过程序化交易来实现的。譬如拿全球顶级投行高盛来说,根据每年美国期货业协会的排名,高盛在大宗商品领域的资金量是最大的,同时,高盛的成交量也是最大的,它们一家公司的成交量可以占到整个市场总成交量的1/4左右,其中绝大部分是通过程序化交易来实现的。目前,我国的证券和期货等资本市场正在开始进行相关理论的研究、推广及应用,部分机构已经引进国外先进的程序化交易系统。

那为何本书作者如此推崇程序化交易模式,尤其是短线程序化交易模式呢?

首先,程序化交易可以避免人性化交易的缺点。我们都知道,在期货交易当中,以上涨行情为例,交易者总是遵循着因贪婪而追高,因追高而恐惧,直至市场下跌而杀低,又因贪婪而追低,杀低而恐惧……人们总是困绕在这一恶性循环当中,而程序化交易就可以排除这种因人为的恐惧而造成的交易失败。

其次,程序化交易可以提高投资绩效。由于传统人性化交易基于个人交易经验的积累,难免会受到个人情绪化的副作用而影响到投资业绩的稳定,而程序化交易带来的是低失误、标准化的执行体系,长期下来考虑到投资资本复利的稳定增长效应,会大幅提高投资业绩。

最后,程序化交易可持续性改进操作绩效。我们知道,投资的持续获利来自一个稳定的交易系统。而不断的改进和优化历史资料库，方能达到投资模式的最佳化，如交易算法的最优路径、交易数据检测结果最快回测速度、绩效统计报表的持续改进等等。

通过以上的比较，我们看到了程序化交易的优势是人为判断交易无法比拟的，从投资报酬的稳定性、长期交易平均损失几率、决策判断模式、风险管理、执行能力等方面进行比较，程序化交易总体上遥遥领先。

由于本书最早写于90年代中期，也即国内期货市场建立初期阶段，至今已有十多年的时间，其中的部分策略和指标现在已被市场广泛认知，因而其效用不如本书成书之时测试效果那么优秀，但如果投资者能按书中所述严格执行，仍能获得不菲的收益，譬如书中第六章所谈及的开盘跳空缺口策略在国内期货市场仍有用武之地。在现如今市场波动性剧烈，期货价格隔夜跳空频发的国内期货市场，《短线交易大师——精准买卖点》的再版无疑也在一定程度上给予了广大投资者指明了一条道路，看似复杂的短线交易模式原来可以如此简单，正所谓大道至简，有些我们经常关注的指标如均线、MACD、布林通道和RSI等经过一些调整和简单的加工，运用在日内短线交易上效果可能会超出我们的想象。

本书译者将原书内容译成较为简单易懂的文字，也充分的表达了原作者所要表达的理念，为广大投资者提供了学习大师程序化短线交易方式的机会，目前市面上有关程序化日内交易的书并不太多，经典的书籍更是凤毛麟角，但是经典的书籍总是能经久不衰，希望本书的再版能给大家带来更多的启发。

中期资产管理公司执行总裁 王红英

当冲高手

台湾期货交易自1994年第一家合法期货商开业以来,已历经两年多的惨淡经营。回首当初各界引颈企盼的荣景,如今,却是受伤累累且认赔出场的客户、一家家生意欠佳而相继歇业的国内外期货经纪商,先不论台湾期货法令是否严苛,其实主因乃在期货为外来产物,期货交易人从事交易时,如未对期货交易深入研究便贸然进场,不但容易造成期货业者与交易人间不必要的纠纷,同时也容易使客户遭受巨大损失之后,成为期货交易的绝缘体。

翻开期货历史,1848年美国成立全世界第一家期货交易所以来,期货交易所便在全球各地,如同雨后春笋的不断增加,就连内地也在全盛时期一口气同时拥有40家期货交易所。处于金融国际化的世界潮流之下,台湾也即将在明年成立期货交易所。面对其即将推出之首项期货商品"台湾股价指数期货",岛内外法人投资机构与个人投资者莫不积极准备,期待届时能大展身手。

从以往所见所闻,我们知道一般来说中国人对于技术分析皆能得心应手,其应用巧妙之处更是凌驾于外国人之上,这都是拜中国人数理观念普遍较佳且数十年股市交易经验所赐。期货为一高杠产品（High Leveraged Product），只需缴交 5%至 15%的保证金即可开始交易；而股票，即使是融资亦需准备 50%以上之资金。以相同的获利金额比较，当然是期货的投资报酬较好，这也是许多期货交易人选择交易期货的最大诱因。然而凡学过投资学的人都知道一句名言——投资报酬率与风险成正比。所以从事期货交易者最需了解风险之控制。股票交易最糟的情况莫过于所购股票一文不值，期货交易却有可能损失达当初原始投资金额的数倍或数十倍。

在此提醒各位期货交易者必须先学会"不贪"与"停损"；在开仓交易前先设定获利目标与最大损失容忍度；成交后在持仓期间一定要以停损单来保障自己。千万不要抱持"明天会更好"的信念。"把握今天"不但是一般期货交易人的致胜要决，也是当日冲销交易者的金玉良言。在此更建议当日冲销者在平仓时可以考虑使用 OCO Order (One-Cancel-the-Other Order)，以盘中限价单配合收盘市价单的 OCO Order 来保障您当日冲销的目的与作业能够顺利完成。

本书译者将原著内容节译成简单易懂之中文，对希望学习当日冲销技巧之读者，提供了一本入门宝典。所谓"师父领进门，修行在个人"，接下来期货交易的修行应是多方搜集资料与得自他人的经验传授，这些功力加强的方式远比在自身的失败中求经验省力省钱。在我的观念里，偶尔的"全垒打"比不上多次"安打"重要，预祝有心挑战期货市场的读者安打连连。

美商嘉吉期货经纪股份有限公司

台湾分公司总经理　卢立正

作者中文版序

在15年之前,我的儿子艾略特·伯恩斯坦对我说他将要学习中文。那时候我对这个想法惊诧不已。我问他为什么,他说他认为中国将飞速发展,成长为世界经济的引擎,所以掌握中文是一项财富。艾略特潜心向学,如今他在北京生活和工作。他儿时的期待和梦想已经实现。中国脚踏实地,一步步走到今天,让人惊奇和赞叹。经济与金融的快速发展,创造了很多的机遇,但是,风险与机遇相伴左右。今日的交易者和投资者,在短线甚至日内交易中搏杀,亟需掌握技巧,得到教育,而这样的技巧和教育,只有从那些在业内身经百战见多识广的先行者身上才能获得。我已经在交易圈内浸淫了42年,希望我多年的付出和积累可以作为你的前车之鉴。

对于我的书能够呈献给中国读者,我感到十分荣幸。我很高兴能把这本日内交易的专著介绍给你。提高交易者的获利能力,帮助投资者利用价格波动,使他们笑傲今日的市场,是我的希望和目标。如今全世界范围内的金融市场波动,比以往更甚一筹,获利机会大增,而同时,必须重申,风险如影随形。

随着中国成长为世界经济的主要力量,一个新的国际投资领域也随之被开创。中国公司快速成长,其中的众多佼佼者在美国的股票交易所上市,数量几乎与日俱增。今后,中国的交易者和投资者将会发现,美国市场是新的大陆,提供更多的获利机会和潜力。但在这里,要言之再三,交易和投资这枚硬币有两面。太多的交易者只看到了获利的潜能这好的一面,却忽视了不好的另一面,所有的交易和投资都包含风险。虽然不可能完全剔除风险,但却存在经过实践检验的,可信的,客观的方法和手段,用以降低风险。在此基础上,每一个交易者和投资者,通过每一次交易和投资,运用适当的策略来实现尽可能多的盈利。

在这本书中,你会发现多种多样的技术分析方法和手段,帮助你从今日的市场波动中捕获利润。本书中的技术分析,可以运用于股票市场,也可以运用于期货市场。中国是世界的产品生产中心,很多交易者是期货市场上原材料商品的买家和消费者,所以学习商品交易技巧,捕捉有利的价格时机,间不容息,裨益良多。书中所述也适用于单纯的投机,投机与投资在应用技术分析工具上并无二致。

因为金融市场变动不居,又因为电脑软硬件的发展日新月异,所以交易与投资的工具和技巧也在不断推陈出新。我建议你访问我的博客或者网站来获取最新的信息。我的网站地址是:www.jakebernstein.com

再次,荣幸之至,能为你奉上这本书的中文版。希望这本书能给你的交易和投资带来些许帮助。如果不吝笔墨,可以给我写邮件到:jake@trade-futures.com

最后,我要感谢麦格劳希尔北京办事处的每一位帮助过本书出版的人,还要感谢我的儿子艾略特为我打理出版事宜。

杰克·伯恩斯坦
加州 圣·克鲁斯
2010 年 12 月
Jake Bernstein
Santa Cruz California
my name on and I December 2010

原著序

近十年来，当日冲销已成为期货市场中相当重要的交易方式。期货商品价格的剧烈波动，提供热衷此道的投资人大展身手的交易机会。

此外，高效能且低价位的电脑硬件和软件日益普遍，使得市场新兵和投资老手的距离日趋泯式微薄。

本书将介绍各式各样的当日冲销技巧，希望读者仔细研读、学习之后，再进场展露身手。千万别只习得一招半式，就贸然闯入险恶的江湖。

事实上，当日冲销比波段操作困难多了。如果你认为不必耗费太多心力，就可以靠当日冲销累积财富，那是非常危险的想法。当日冲销获利的唯一方法，就是努力、努力、再努力。持之以恒地搜集资料，研判行情，当是获利的不二法门。

杰克·伯恩斯坦（Jake Bernstein）

导论

短线交易在期货市场里的角色,已日趋重要。昔日期货市场的价格走势,大都遵循一定的方向,虽有波动,幅度并不大。今日市场的情况,却迥异于往昔,从1970年代开始,期货商品价格的波动日益活泼,观察价格的时距也日益缩短。

事实上,期货市场中流传已久的名言"长线是金"仍是历久弥新的告诫。然而今非昔比,短线价格波动过于剧烈,迫使许多投资人纷纷设定宽幅止损点避免巨额亏损,愈发加剧行情的波动。因此掌握波段行情,固然是获利的契机,但交易风险却也随之升高。

剧烈的价格波动,可以带领投资人进入财富的天堂,或坠入一文不名的炼狱。但最重要的是,它使得短线交易不再是场内交易者的专利。现在,几乎所有的投资人,都可以享受短线交易的乐趣。激烈的价格波动,可以说是短线交易的温床。

价格波动加剧的原因

1970年代以来,期货市场价格波动加剧的原因很复杂,而其中低廉的手续费,以及日新月异的电脑科技,应该是两项最主要的原因。

弹性手续费的实施,无疑是期货市场的重要里程碑。有些投资人并不需要营业员的投资建议,或消息传递服务,宁愿付较低的手续费,降低交易成本,以增加交易次数。期货交易的损益,除了买卖差价,其它如错账,手续费也都应该并入交易成本。许多投资人,到了年底结账时,才发现手续费侵蚀了他们的利润,或加深损失的金额。

弹性手续费率实施以后,短线投机客和当日冲销投资人的费用大幅降低,也激励了他们交易的意愿。1980年代初期实施的弹性手续费制度,无疑是短线交易和当日冲销交易量成长的最大诱因。

电脑革命

980年代中期开始,个人电脑逐渐普及,不但功能良好,效率高,而且价格低廉。投资人只要花几千美元,就可以买到一部高效率的新型电脑。

而电脑软件的迅速发展,对期货交易热络的贡献也功不可没。1980年代末期,电脑软件的运用,已涵盖了科学、文学,甚至投资等范畴。精良的硬件设备,加上高效率的软件功能,将期货交易引进一个全新的世纪,这也就是彼德·斯特梅尔(J.Peter Steidlmayer)所称的"即时资讯时代"(the Age of Instantism)。

报价系统

短线交易的投资人,必须即时获悉市场价格的每一次跳动,以及收盘后获得的盘后资讯,作为研判行情的基础。目前的电脑报价系统,使每一个投资人,都能以极低廉的代价,获知交易时段内每一次价格的跳动,与场内交易员完全没有时差。即时资讯的充分展现功能,使投资人更方便进出,且良性循环地使市场流动性更充沛,更利于短线交易和当日冲销。

政治因素

国际性以及美国国内的政治、经济变动,对期货市场也有举足轻重的影响。过去20年间,石油输出国家组织(OPEC)的任何一项决议,对期货市场的油价、金价、甚至外汇交易都有推波助澜的作用。可以说期货市场的大多数商品,都受国际政治的影响。

美国国内的景气高峰,在1975年至1981年间达到最高点,随后江河日下,致使财政决策部门的能力备受质疑,社会大众及资本市场的投资人对政府渐失信心。财经决策部门举棋不定的措施,加深投资人的疑虑,使市场一有风吹草动,市场价格即剧烈波动。1987年以及1989年的股市大崩盘,就是这种心态下的产物。

投机有理

本书的目的不在推崇短线交易的市场功能,而在教导投资人运用短线交易达到获利的目的。基本上,当日冲销的投资人必须坚守三大原则:

- 每日平仓
- 积小胜为大胜
- 尽量使交易损失降至最低

短线投资人即根据这三大原则,掌握市场的上下波动,创造利润。在我们的观念里,市场里没有对错,没有专家,只有赢家与输家。本书的目的,即在阐明短线交易的三大信念:

1、密集交易,聚沙成塔。

2、累积交易经验,汇集为致富的智慧。

3、以经营事业的精神、专业的知识,从事短线交易。

艺高胆大

这本书是我个人累积多年的经验结晶,将当日冲销的基础知识,重要原则,一一呈现在读者面前。我认为交易技巧是一门深奥的学问,必须花费时间与精力,才能习得其中奥秘,从期货市场获得利润。当然,学习需要指引,能找到一位经验丰富,逻辑能力强的老师来指导,更可收事半功倍之效。

从我多年的交易经验,得出一项结论:成功的当日冲销是七分科学、三分艺术。经验和知识,固然是交易致胜的基本要件,运用之妙存乎一心,临场的心态,也是不可轻忽的致胜关键。

神话故事

期货市场中,永远流传着一些奇迹式的成功故事及一夕致富的神话传奇,甚或某人发明了放诸四海皆准的必胜宝典。事实上,这些故事从期货市场开始的第一天起,就已呱呱落地,只要市场存在一天,这些神话将不断的翻新、流传,永不停止。新进市场的投资人,千万不可受这些神话故事蛊惑。神话的功能在于引人追忆,不值得学习。一心想成为神话中的天帝或大力士,只会令你更加沮丧、信心全失。

期货市场中最可敬的敌手和朋友,就是投资人自己。想要借用别人的交易方式来赚钱,终将得到恶果。建立自己的游戏方式和比赛原则,并持之以恒地执行,才是获胜、致富的稳固基石。

成功者的特质

并非每一个人,都适合在期货市场进出。根据我多年观察,在期货市场成功的人,都具有下列的特质:

弹性
个性固执的人,在期货市场中的表现往往乏善可陈,反倒是一些不拘泥于窠臼的人,才是市场的常胜军。因此,弹性操作可以说是当日冲销者最重要的特质。弹性操作并非毫无章法地随意进出,而是弹性运用平时判断的技术指标,市场信息,作为进出的依据。心态上,弹性操作更意味着能洞察市场的潮流、即时掌握主导市场的新动能。

然而弹性操作的手法,却只可会意不可言传,拜师无门。我只能简单地说,成功的当日冲销者,必须**"有弹性且心坚定"**,也就是说,对自己平时所运用的技术指标和进出原则有坚定的信心,但是运用之妙存乎一心,直觉的判断,仍是决定进出的关键。

恒心
我所胃的恒心,**即持之以恒地运用某项技术指标和进出原则,一直到这项指标或原则不能发挥功效为止。**许多投资人旷时费力地研习新方法,新的技术、分析技巧。事实上,新并不一定就是好,只不过在浪费做功课的时间,反使第二天开盘前的准备工作做得不足。因此,目前所使用的技术分析和方法,倘使能使你操作顺利,实在没有必要弃之一旁,去研习和试用新方法。

耐心

当日冲销的投资人，必须以极大的耐心，忍受一连串的失利。然而我们所指的耐心，以当日为限，切不可违反我们所设定的当日冲销第一原则：不可留仓。不论你的损失有多少，在收盘前务必平仓，明天再重新来过。

自制

每天从开盘到收盘，都有上百个交易机会。许多交易机会，以事后诸葛的观点来看，确实令人扼腕，痛失获利的良机。面对无限的机会，投资人必须每天事先拟订进场计划，遇到在计划中的时机才下手。拟订计划的目的，在于避免漫无目标的进出，造成无谓的损失，等真正遇到好的进场时点时，却已弹尽援绝，望着行情兴叹。

当日冲销者就如同打猎的猎人，不同的是猎人带着弹药，当日冲销者却拥有资本。进入山区的猎人，如果一见风吹草动就乱放枪，等到有价值的猎物出现时，才发现弹药用尽，只好眼地看着猎物逸去。当日冲销者的情形也一样，胡乱放矢的结果，在真有获利机会时，已无资金可用。所以短线交易者必须耐心地等待，在最好的机会来临时，才谨慎而大胆地进场，创造利润。

每日平仓

市场上流行一句讽刺意味十足的俗谚："留仓就是套牢。"这话确实不错，几乎所有留仓的头寸，原本都是计划当日冲销的额度，因为当日无法获利了结，才不得不留仓。就心理层面而言，留仓代表当日冲销者不肯承认自己的错误，而再给自己一次机会的行为。通常，不肯认错的代价都非常高。

接受失败

成功的当日冲销者必须勇于接受失败,并勇于承认自己违反了操作原则,我们将在稍后介绍接受失败的心理调适方法。人们时常悔恨自己的错误,但是逝者已矣,来者可追,如果我们改正自己的心态,适时承认错误,并引为殷鉴,对往后的交易才有帮助。每一种判断方式和交易系统,都有几率发生错误,如果是这种情形,不妨坦然接受。如果是自己违反判断方式和交易系统,至少也上了一课:不按牌理出牌,代价是很昂贵的。

每日检讨

当日冲销的交易者必须每天记录、分析当天交易的状况,且不以成败论英雄,不论盈亏都要忠实记录、详细分析。这种分析并非随意而为,而是有一定的模式和逻辑,我们将在稍后详细介绍。建议你从今天开始,就逐笔记录每天的交易情形,所耗费的时间不多,效果却很好。

本书的极限

大部分书籍的作者,都会宣称他们的著作可以助你达成某项目的。我虽不能免俗,却也希望读者能明白,本书有其极限。我不希望读者打开本书时,心中充满不切实际的企盼,但最后却落得大失所望。虽然本书包含了许多操作的诀窍,却绝不是一本期货交易的武功秘笈或藏宝图。巧妙运用操作诀窍,固然可以获利,光说不练,财富也不会自动滚进你的口袋。

如果读者希望在本书中找寻致富的捷径,那将一无所获。如果你希望获得致富的保证,恐怕也得另觅他途。我们在本书中保证的是详列期货短线交易的观念、方法和各种技术指标,使你具有短线交易的技能,不过,最后还得靠你自己巧妙运用这些技能,才能达到成功。

如果你希望从本书中知道我22年来期货操作的经验和心得,当可得遂心愿。本书将以引导、协助、说明的方式,阐释短线交易致胜的方法。凡事都亲身操作,才是融会贯通的关键。

几乎所有的人都知道,真正能在期货市场中获得致富的人屈指可数。原因很简单,操作技巧和技术分析表面看来人人可学,但是其中玄机重重,非得经过一番努力,加上几分领会,才能窥其堂奥。

自己做研究

在期货市场里,有各式各样的技术指标,而每个人使用技术指标的方式又有不同。本书所提供的一些观念和方法,意在指引读者自己做研究的路径,倘使动作起来得心应手,不妨视之为创造利润的工具。

有些读者会青出于蓝,修正我所提供的技术和方法,使它们更为精妙而准确。倘使有这种情形,独乐乐不如众乐乐,希望你来信与我们一起研讨。

实习

坐而言不如起而行,这是大家都明白的道理。唯有自己亲手操作,才能真正体会到学习技术指标和操作观念,就如同学骑脚踏车般,必然会跌倒好几次,才能平稳前进。初时的不顺遂是必然的过程,却也千万别在前几次跌倒时受伤过重,伤了元气。

阅读技巧

我建议读者阅读本书时,遵守下列几个原则:

1. **细心品尝** 有些叙述看起来老生常谈,其实另有洞天,请慢慢寻宝、挖掘。

2. **引喻释义** 书中列举了很多例子,请善加运用、比较,当能更深入了解。

3. **笔记要点** 不论眉批注脚,随时记下阅读心得,使你能更深入体会,确实记忆。

4. **披卦上阵** 实际操作,才能确实了解书中的观念和技巧。

风险告知

期货交易委员会和期货协会,是监督期货市场的两大机构。任何违犯交易规则或交易秩序的行为,都将遭致取消会员资格、罚款或其它方式的惩戒。这两大机构都一致要求我们,必须告知读者期货交易的风险性:

理论演绎和沙盘推演有其极限,与实际交易有若干差异。市场中存有许多复杂的因素,譬如流动性不足,将使理论与沙盘推演无法实际运作。而且所有的技术指标,显然都是前些市况的分析与归纳的结果,并不保证尔后的市场变化会遵循这些理论。书中所引用的操作方法,也没有实际运作因而获利的证据。期货交易潜藏无限风险,投资人必须根据自己的财力,审慎进出。

1 基本分析

期货市场有一套自己的语言，了解这些专用术语，是进入市场的第一步。

定义

当日冲销 Day Trading

当日冲销者必然在当日完成交易头寸互抵。不论是先多后空，或是先空后多，不论是输、赢或扯平，都在当天轧平交易头寸。如果预存留仓的心理，或被迫留仓，就不算是当日冲销。

波段操作 Position Trading

未能在当日轧平头寸的交易行为，我们统称之为波段操作。当日冲销或波段操作，并无高下之分，只是交易型态的不同。投资人在进入市场之前，必须先厘清自己将从事哪一种型态的交易，否则赚钱即平仓、赔钱就留仓，则漫无原则，很容易造成更大的损失。

短线交易 Short-Term Trading

我们所指的短线交易，系指在 2 至 10 天内完成一笔多空交易的型式。

短线交易的方法,和当日冲销的交易方法有许多类似之处。我的另一本著作短线交易法宝(Short Term Trading in Futures),对短线交易者当有所贡献。

中线交易 Intermediate-Term Trading

中线交易的投资人,平均持有多头或空头头寸的时间,为3至5个月。此一类型的投资人期望较大幅度的价格波动所获得的利益。大部分期货投资人,以及基金经理人,都是属于这一类型的投资者。

长期投资 Long-Term Trading

长期投资人持有头寸的时间,有时长达数年之久,然而这一类投资人毕竟凤毛麟角。我曾写过长期投资法宝——《Long-Term Trading in Futures》这本书,有兴趣的投资人可以参阅。

价格落差 Slippage

价格落差指实际成交价与理想价位的差距。当日冲销者在计算获利和亏损时,必须先行考虑这一部分的差价。

交易系统 Trading Systems

交易系统指投资人操作的全部依据,包括风险管理。交易系统必须严谨周密,顾及所有细节,而且绝不可违反。事实上,大多数投资人都宣称他们有一套操作系统,却浑然不觉自己常违犯了既有的这套系统。

技术指标 Timing Indicators, Timing Signals

指标显示进场或出场的最佳时机。基本上,指标是客观的,不需解释。任何一项指标,如果必须再做解释,就不是客观的指标,而是操作技巧,属于另一个范畴。

操作技巧 Trading Technique

操作技巧指投资人研判多空,并决定进出的技巧。操作技巧可以说是集技术分析、操作系统、指标之大成,还必须包括风险管理,才可以说是完善的操作技巧。

进场与出场 Market Entry and Exit

进场指建立新的头寸,不论是多头头寸,空头头寸或套利头寸。出场指将所有的头寸都反向实施买卖,彻底平仓。

曲线拟合 Optimization, Curve Fitting

根据以往的历史资料绘成趋势线路图,并据以为操作系统,谓之曲线拟合。这些线路图,证之以往曾发生过的事情,确实无误,但是运用于今后的市场,却很可能遭到败绩。事实上现存的技术指标,大都有相当程度的曲线拟合,读者不可不察。

2　当日冲销的真义

当日冲销的真义即每日平仓，违反这条规则，即违反了自己当初进入市场时所设定的目标和角色。

当日冲销的标的

有些人认为，某些市场或商品适宜短线交易，有些则不然。这种说法，我非常不赞同，我认为所有的商品，只要符合我们所设定的条件，都是当日冲销的标的。我将逐一指引读者辨识这些商品的方法，以及适于当日冲销的时机。但是我不厌其烦地再提醒一次，不论交易的标的为何，当日冲销者必在当日平仓出场。

有些人认为某些商品获利机会小，风险又高，不适合当日冲销，这种看法未必正确。我认为只有流动性不足的商品，才是当日冲销应该避免的标的。除此之外，几乎所有商品都可以当日冲销，只是有些商品几乎是全年无休，每个交易日都可以当日冲销，与当日冲销思想扣背离。

当日冲销的七大理由

1. 充分运用资金

当日冲销所缴纳的保证金，比隔夜留仓的保证金要少得多。有些期货经纪商为了鼓励当日冲销,只要详估客户有足够的财力,以及遭受损失时的偿债诚意,允许客户以极少的保证金,进行当日冲销交易。因此,当日冲销者可以将手头的现金扩张信用,买卖更多的合约。

2. 降低风险

当日平仓出场的投资人,比波段操作的投资人,所承受的风险要小得多。每日收盘之后,影响商品价格的各种新闻,以及基本面的因素,仍不停地变化。一位波段投资人,极可能在收盘时账面上显示盈余,但是一觉醒来,却发现山河变色,手中所握有的头寸已损失不赀。当日冲销的投资人却可以夜夜好眠。明日之战,明日再说。

这种说法,看似有矛盾之处,其实不然。影响市场的新闻,可能发生在白天,也可能发生在收盘后。当日冲销的投资人,可以在交易时间内,迅速地依据所获知的信息,处理手中的头寸。至于收盘以后发生的事情,根本没有必要去赌它。

而且,半夜发生的新闻,经常在早上开盘时反映在盘面上,造成巨大的价差。开盘缺口可能对波段操作的投资人不利,灵活的当日冲销投资人,则可以利用缺口进行操作,创造利润。

3. 强迫平仓

谨守原则的当日冲销投资人,不论盈、亏或扯平,必在当日平仓出场。这条铁律,使当日冲销的投资人,不会因为舍不得损失,而留仓再试一次运气。

根据统计,原本预备当日冲销的头寸,经过留仓,盈亏的比率各半,但是亏损的金额往往很大,而且盈余经常只是毛头小利。原本从事当日冲销的投资人,往往心中悬念着留仓的头寸,不能专心操作,平白损失赚钱的机会。因此,壮士断腕是当日冲销者必须身体力行的交易原则之一。

4. 指标确实

基本上,短线指标比中长线指标更容易掌握。根据我的经验,建立当日冲销的技术指标和操作系统,比建立中长期的操作系统要容易多了。

5. 盈亏立现

通常，当日冲销者只要进场几分钟，甚至几秒钟，就可以知道这将是一笔赔钱或赚钱的交易，当天收盘以前，交易已经完成，当日冲销者可以检讨整个交易情形，作为尔后操作的依据。

波段操作的投资人，进场和出场的时间，相隔数星期或数个月之久，有时出场的时候，已全然忘记当初进场的原因，更遑论由交易中汲取经验。

6. 即时研判

当日冲销的研判资料，以及操作系统较容易在短时间内建立。当日冲销的市场变动状况，甚至可以详尽到每一个价格跳动。其所建立的操作系统，也较经得起电脑测试。

7. 适合个性

我发现当日冲销的投资人较能享受交易的乐趣，且其承受的压力较小。当日冲销的投资人在交易时段内必须全神贯注，但是收盘后却要了无牵挂，不论世界上何处发生战争，或任何一种天灾，都不会造成他们的盈亏。因此，当日冲销对某些人来说特别合适。

3 交易系统

期货的交易系统几乎是期货市场最具神秘色彩的一部分。从事期货交易的人认为自己是最客观、分析能力最强、最具逻辑观念的族群，经常以自己的交易系统无懈可击为傲。尤其是价格低廉的个人电脑普及以后，这种倾向愈来愈明显。

讨论交易系统的期货专业书籍也愈来愈多，其中最受欢迎的是佩里·考夫曼（Perry Kaufmann）的著作，详尽地介绍建构交易系统的方法，以及检测交易系统的过程。尤其是检测交易系统的过程，可以验证系统的有效性，更是受到期货投资人的重视。不过我得提醒各位一点，有些检测过程，往往沦为一厢情愿的过度优化和曲线拟合，不可不防。

建构操作系统

由于价格低廉的电脑软硬件大量普及，大部分投资人都可以利用电脑发展出一套似是而非的交易程序。事实上，以历史资料检测交易程序，往往无懈可击，但是一旦运用于实际交易，却常常捉襟见肘，效果大打折扣。

所谓曲线拟合，就是设计出一套理论完美，符合历史资料的技术分析方法。因此建构或引用交易程序时，不可不慎，以免落入曲线拟合的陷阱。

交易程序的真义

简单地说，交易程序是指一套解析市场的方法。先搜集一些以往的相关资料，经过适当的分析、解释，成为一种如："假设……就……"的操作系统。而大部分的投资人相信的说法有两种：一是根据检测过的交易程序做操作，当能获得最佳利润。二是使用交易程序操作，获得的机会较大。

我对这两种说法不敢苟同。基本上，期货市场的交易属于随机行为，而交易程序就是企图将大量的随机行为，归纳为系统化的理论。交易系统的建构过程，是经过不断的尝试和错误，发展出各种控制风险的指标。因此，交易程序并非是揭露某项市场动作的真理，而是运用各种指标，企图将损失减少到最小，而利润扩张至极大。

根据统计，大部分交易程序的准确性只有50%，甚至更少；而准确度在60%至75%之间的交易程序，为数甚少；准确度达70%以上的交易程序，更是凤毛麟角。研究统计还指出，测试交易程序所使用的资料时间愈长，交易程序的准确性愈低。总而言之，大部分的交易程序根本没有效能，而且，风险控制得愈精密的程序，其获利愈低。

麦基尔（Malkiel）在他的经典著作《漫步华尔街》(A Random Walk Down Wall Street)中指出，大部分的市场交易都是随机行为，要想建构一套理论来预测价格，根本是天方夜谭。这种说法虽然有点以偏概全，却有几分道理。根据我长久的观察，在市场中理性进出并谨慎控制风险的投资人，比使用交易程序操作的人获利机会更大。严格地说，交易程序本身不能赚钱，而控制风险的工夫以及运用交易程序的技巧，才是获利的武器。

我建议读者们不必花太多时间研究交易程序，而应该把精力用在研究控制风险的技巧，以及建立自己的操作规范上。我并不想在本书中介绍各式各样的程序,那些程序看起来言之成理、脉络分明,但是用起来却令人手忙脚乱,损失连连。

我认为一个成功的当日冲销者应该把时间运用在下列三项技巧上:

1. **建立指标** 指标比任何交易程序都有效。
2. **培养控制风险的能力** 交易损失减少到最小,获利能力扩展到最大。
3. **体会市场脉动** 建立操作风格。不论是否使用交易程序,谨守原则的操作风格是获利的不二法门。

市场脉动

使用交易程序必须考虑的另一个重要因素,是市场的变动。今日的期货市场,与1950年代、1960年代、1970年代的市场迥然不同。每一个时代的期货市场都有它的特质,而每一个时代的期货市场也都历经重要的发展和变革,形成新的市场风貌。

市场内的参与分子也随着时代而有所不同,1980年代以前,期货市场内的机构投资人很少,1980年代以后,机构投资人已跃居期货市场的主流,他们的一举一动,已成为行情波动的重要因素。因此,1970年代的交易程序,并不适用于1990年代的市场;而且检测交易程序的历史资料愈长久,准确度就愈差。如果我们汇整过去5年的资料,建构出一套交易程序,再运用10年期的资料,来测试这套交易程序,当会发现准确性降低,把测试资料延长到15年,这套交易程序的表演很可能是荒腔走板的。道理很简单,每个时代的市场特性不同,参与者也不同,自然会影响交易程序的准确性。

解决之道

当日冲销者究竟应该以什么样的心态,来运用交易程序?我认为有三项最重要的观念：第一，当日冲销者毋须在交易程序上浪费太多时间，我不相信运用传统的研究方式，可以建立一套绩效卓著的交易程序，反倒是多花些时间体会市场的脉动，才更有利于操作。第二，当冲销者应该自己发展出一套风险管理的方法，以控制损失。第三，当日冲销者，甚至所有的期货投资人，都应该与市场脉动同步。一旦发现操作不顺手时，检视整个大环境是否已有所变动，并随即调整操作习惯和方法。

拟人化电脑

我对交易程序的意见，只有一点例外，由于电脑软硬件的快速发展，拟人化电脑以及拟人化交易程序，将在未来的期货市场上占有一席之地。迄至目前为止，电脑的功能只在模仿人类较低层级的知识活动，如记忆库的扩充、复杂的计算、分析。而拟人化电脑的解决问题程序，直到最近才成为电脑软件发展的焦点。

拟人化软件的发展，在于复制人类的思考模式、学习过程，并试图设计出能累积经验、避免重复犯错功能的软件。这种想法看似遥不可及，但以当今的科技文明而言，却并非不可能。拟人化软件发展成功以后，必可运用于股票及期货市场，带动电脑交易程序的重大变革。

由于每一套拟人化电脑交易程序所搜集的市场因素各不相同，所运用的学习模式也不同，因此，每一套拟人化交易程序的决策内容也各不相同。拟人化交易程序的决策，就如同市场上形形色色的投资行为，对市场是个正面的因素。由于主导期货市场的力量每天、每周都在变化，而拟人化交易程序对这些变化也都能有相当的敏感性，并随之调整决策过程。所以，拟人化交易程序能与市场脉动同步，不似传统的交易程序，只根据以前的统计数字做决策，忽略了市场主导力量的变迁。

拟人化交易程序与传统的交易程序一样，同样可以执行分析指标的功能,甚至能同时分析多样指标。总而言之,拟人化交易程序将会是期货市场的大革命,只消几年,你将会听到愈来愈多关于这方面的报导。

读者或许会质疑:"既然拟人化交易程序将在几年内问世,何必浪费时间来阅读本书?"答案很简单:本书的重点不在讨论技术分析,而在于指导交易技巧。交易技巧的良窳,是决定投资人成为期货市场赢家或输家的关键。即使是一套精密严谨的交易程序,交给一个技术低劣的投资人去执行,也一样无法发挥功效。

相反的,精密的拟人化交易程序,如果交给一个有经验且技术优良的人去执行,就会成为一座取之不尽、用之不竭的宝库,可以创造无穷尽的财富。

4 移动平均线

这本书的写作方式，预设立场是读者已经具有相当的期货知识和期货交易经验，因此许多期货专业词汇的定义和说明，就不再赘述。不过对市场上一些被混淆的观念和用语，我们仍不厌其烦的厘清，以免读者被误导。

基本观念

在期货和股票市场各项技术指标中，移动平均线是最被广泛运用的指标，且容易理解，使用方便，计算容易。移动平均线的种类很多，通常我使用的有下列几种：

1. 简单移动平均线 Simple Moving Average(MA)

即是将固定期间每一个时隔的期末价格加总，除以采样的时隔数，成为移动平均值，再将各个移动平均值连成线，即成移动平均线。譬如，10日移动平均值即是10天的收盘价格加总，再除以10；第二个10日移动平均值即将采样第1天的数值去掉，然后加上第11日的数值，加总平均，如此连续计算，即得出10日移动平均线。

通常，当日冲销所采样的时隔较短，甚至短到1分钟。我所谓的10分钟移动平均线，即是将最近10分钟每1分钟的价格加总平均；10小时移动平均线,即是将最近 10 小时每 1 小时的价格加总平均,形成数值系列连线。

2. 指数移动平均线 Exponential Moving Average(EMA)

即是将采样价格乘以当时段的交易量,再加总平均,使求得的数值更敏锐,更具有代表性。

3. 加重权值平均线 Weighted Moving Average(WMA)

即是将采样价格乘以不同的数值再加平均,又细分为两种类型:前段加重权值型与后段加重权值型。前段加重权值平均值将采样价格系列的前半部分加重计算,以凸显前段价格的比重。后段加重权值平均值将采样价格系列的后半部分加重计算,以凸显后段价格的比重。

4. 平滑移动平均线 Smoothed Moving Average(SMA)

即是将计算移动平均值的除数加大,使平均线趋于平稳,指标性较稳定。

5. 三角移动平均线 Triangular Moving Average(TMA)

即是加重计算采样价格系列的中段部分,以凸显样本数值中段的比重。譬如 7 日三角移动平均值的计算公式如下:

7 天的收盘价格分析为:A、B、C、D、E、F、G

步骤 1:$X=(1 \times A)+(2 \times B)+(3 \times C)+(4 \times D)+(3 \times E)+(2 \times F)+(1 \times G)$

步骤 2:$TMA=X/(1+2+3+4+3+2+1)=X/16$

移动平均线的优缺点

长久以来,移动平均线一直是期货交易和股票交易的重要技术指标。它固然有一些优点,缺失却也不少。

移动平均线是一种趋势线。投资人观望平均线的走势,发觉线形往上或往下时,即进场做多或做空,发现线形反转时,即平仓出场。因此,当市场的价格变动有明显趋势时,移动平均线的功能相当显著;价格盘整时,移动平均线即无用武之地。然而,期货市场内只有三分之一的时间,价格变动趋势明显,因此移动平均线精准无讹的比例只介于20%至50%之间。但是如此低的准确度并不表示移动平均线一无可取。投资人如果遵守风险管理规范,且具有良好的操作技巧,移动平均线仍不失为一种获利的工具。

移动平均线是一种落后指标(Lagging indicators),尾随市场的变动,才显现趋势变化。通常,市场的新趋势已然形成,移动平均线要隔一段时间才会有所反应。

再者,移动平均线显示明显的趋势变化时,可能真有一段行情,也可能是假象的波动。简单地说,移动平均线既聋又哑,被动地被价格牵着走,投资人如果一味盲从,忙进忙出,将会发现它的指标效果不高。一般而言,市场的价格变动趋势明显时,移动平均线的指标性很高;价格趋势不明显时,移动平均线只会使投资人一再受伤。

为了避免移动平均线的假象波动,有些投资人等到线形已非常明显时才进行交易,往往造成落后进场或出场的现象,平白丧失获利契机,或使原本赚钱的交易变成赔钱的买卖。这也是使用移动平均线的缺点之一。

移动平均线虽然有许多缺失,大部分投资人及基金经理人却仍以它为进出的依据,可见优点也不少:第一,移动平均线,尤其是简单移动平均线的计算非常容易,甚至不用计算机就可以计算出来。第二,移动平均线的运用非常方便,只需观察价格在平均线上或下,或不同期间平均线的交叉,即可研判进出的时机。对习于机械式操作手法的人,使用起来非常方便。第三,大部分时间,移动平均线都会上下波动显示做多或做空的信号。而市场上大部分投资人,都倾向于手中持有多头或空头的头寸,移动平均线就成为投资人持有头寸的重要指标。第四,移动平均线确实能在大波段行情时显现其功能,不想错过赚钱机会的投资人,倾向于以移动平均线作为进场依据,以免痛失良机。第五,移动平均线易于研判,投资人毋须对市场有精辟的了解，只要遵循移动平均线指示的进出原则，就能财源滚滚。

接下来，我们要讨论以移动平均线为指标的几项原则。有些原则读者已经耳熟能详，有些看法却能创新。

价格与移动平均线

最传统的原则是以移动平均线为指标的时机，是当价格由上而下，或由下而上穿越移动平均线的时候。

价格在移动平均线上方，表示上升趋势

价格在移动平均线下方，表示下降趋势

当价格由移动平均线下方穿越移动平均线，下降趋势即转为上升趋势。当价格由移动平均线上方穿越移动平均线，上升趋势即转为下降趋势，此即称价格与均线交叉法。图4－1，即使美国公债9个时段的30分钟移动平均线与价格的相关图形，请注意图表中我注记之处。

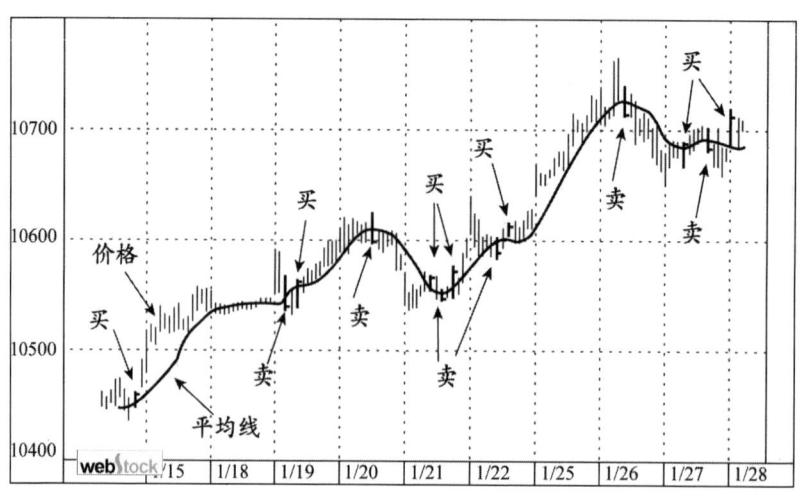

图4－1 公债利率期货，9期距30分钟移动均与价格走势关系图。

当日冲销者可以参考我在图表中注记的买进和卖出信号,来作为进出的原则。读者们或许已经发现,我只是选择性地运用我们所揭示的原则:

价格由下往上穿越移动平均线时,**做多**。

价格由上往下穿越移动平均线时,**做空**。

如果只是机械式地遵循这项原则进出,买卖必然十分频繁,所耗费的手续费也非常惊人,长久下来,发现日日辛苦到头来却一场空,甚至结账时竟是亏损。

有两种方法可以解决这个恼人的问题:一是拉长采样价格的时段,即增加样本的单位数。二是采用时隔较长的均线。

1.时段 Length of the MA

基本上,移动平均线的时段,必须与商品的特性吻合。有些商品,长时间的均线,比短时段的均线更能发挥功能。图4-2,即是以美国公债18单位时段的30分钟均线图。

以图4-2和图4-1比较,读者当会发现进出频率减少了一倍以上。图4-3则是18单位的瑞士法郎30分钟均线图,请注意我在图表中的注记,买进信号是价格由下而上穿越均线时发生,卖出信号则是价格由上而下穿越均线时发生。价格与移动平均线的关系,既简单又易于运用。

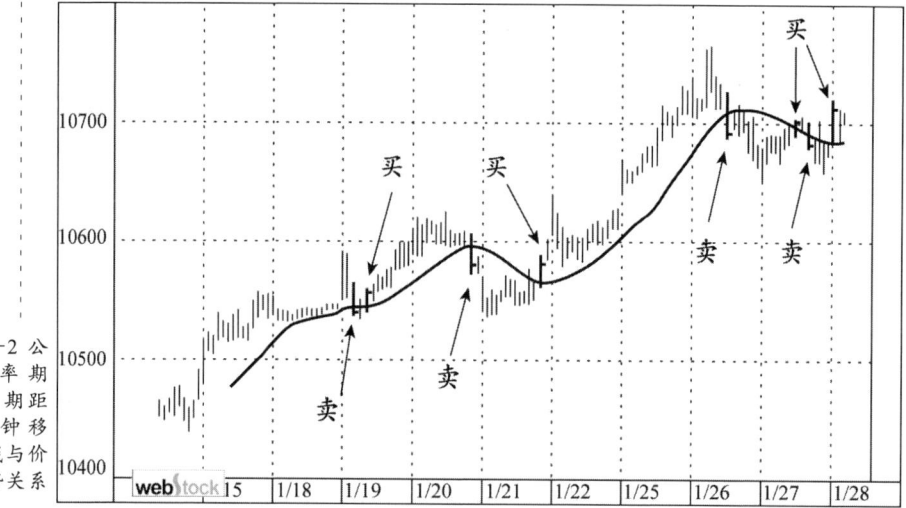

图4-2 公债利率期货,18期距30分钟移动均线与价格走势关系图。

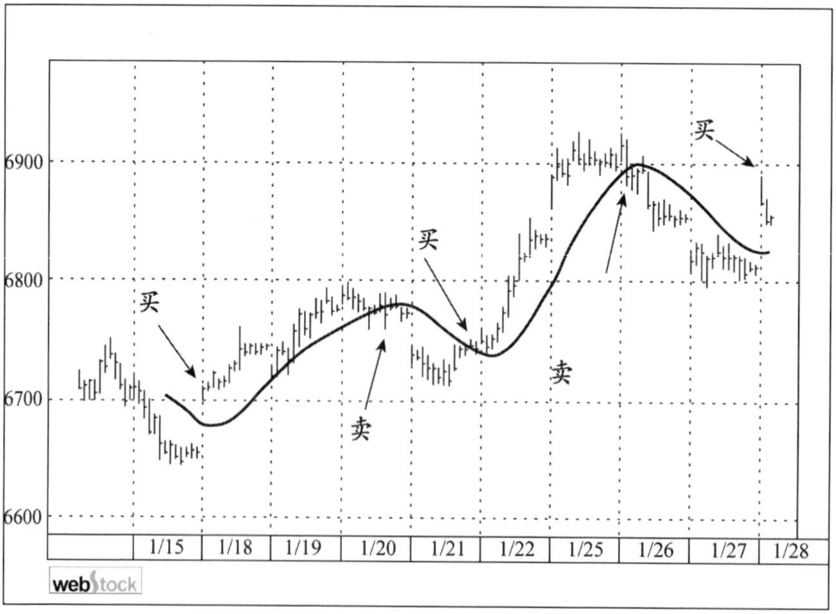

图4-3 瑞士法郎18期距30分钟移动均线与价格趋势关系图。

2.时隔 Time Frame

当日冲销者所运用的价格样本时隔,最好在1分钟至30分钟之间。根据我个人的经验,如果你想在交易时间内疯狂地抢进杀出,大可使用一分钟移动平均线作为进出依据。如果你不想让日子过得太紧张,最好不要使用短于5分钟的均线,来作为判断盘势的依据。许多喜欢以S&P 500 (Standard and Poor's)为交易标的的投资人,习惯以3分钟均线作为进出的参考。当日冲销者,必须先决定自己要采用哪一种时隔的均线。基本上,使用3分钟或5分钟均线图,就足以使你在盘中为记录交易价格而忙碌不堪。本书中讨论操作技巧所运用的均线,时隔均在5分钟至30分钟之间。

效果评估

价格与线的关系,几乎适用于每一种商品。但是商品价格的趋势不明显时,移动平均线就无用武之地了,这时,若按照均线与价格的关系频繁进出,实际成交价的落差加上手续费用,很可能使你损失不赀。移动平均线本身虽然客观,运用起来却是三分科学七分艺术。如果我们机械式地使用10至14单位的30分钟或60分钟均线,一旦出现价格穿越均线时即进场或出场,一进一出之间,扣除掉交易价格的落差和手续费,很可能亏损累累。因此,我建议读者最好不要只使用价格与移动平均线的关系作为判断进出的依据。

均线相互交叉法

运用两条移动平均线相互交叉作为进出依据的方法,可以改善仅凭价格与均线交叉法就做进出的失败率。基本上,两条均线的采样单位数最好为1比8,譬如短期均线为3单位30分钟平均线,长均线最好是24单位30分钟平均线。图4-4即是美国公债30分钟均线图,短期均线为3单位,长期均线为24单位。

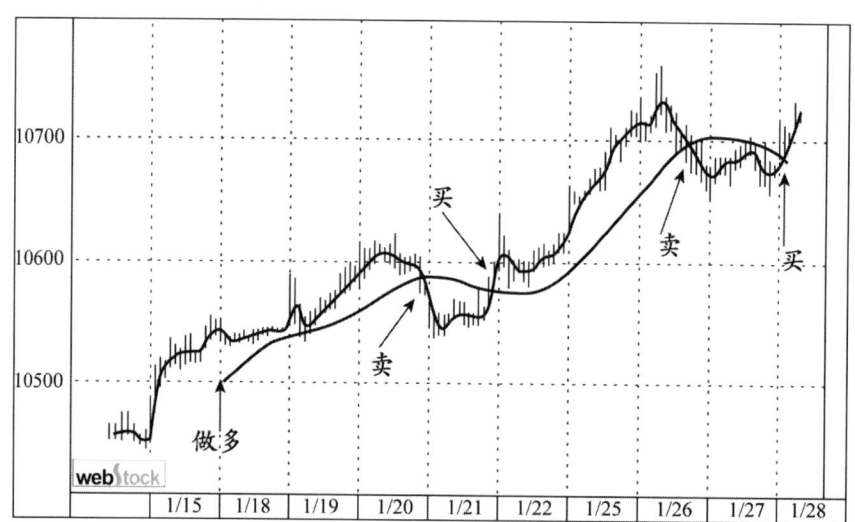

图4—4 30分钟公债利率期货价格均线,3期距与24期距均线相互交叉所显示的买点和卖点。

使用两条均线的目的,在于降低指标的错误率,当然,也在使指标的敏感度相对地减低。因此,长短均线时段的选择,就得非常慎重。

虽然长短均线交叉法比价格均线交叉法的错误几率较低但获利也相对提高,然而移动平均线终究是落后指标,功能有限。图4—5所列以均线交叉法操作S&P500的绩效,可以作为参考。

从绩效表中我们可以发现,均线交叉法的效率并不高。而且这张绩效表大部分的部分都非当日轧平,如果所有建立的头寸都在当天平仓出场,这张绩效表必然亏损累累。因此,均线交叉法仍然不能符合当日冲销者的严苛要求。

移动平均线操作法绩效表		期间：1992年2月1日至12月31日	
标的：SVP 500指数期货			
总损益	$20325.00	留意部位	$0
总获利	$49025.00	总亏损	$-28700.00
交易次数	137	获利次数百分比	55
获利次数	76	亏损次数	61
最高获利金额	$2550.00	最高亏损金额	$-800.00
平均获利金额	$645.07	平均亏损金额	$-470.49
获利/亏损次数比	1.37	平均损益金额	$148.36
最高连续获利次数	9	最高连续亏损次数	4
平均获利期距	6	平均亏损期距	5
当日最大账面损失	$-3,400.00		
获利因子	1.71	最多持有口数	1
资金规模	$6400.00	获利比	318%

检测条件

3期距与54期距三十分钟均线之交叉
预设停损US800
未扣除价格落差与手续费
每日毛仓

图 4—5 两条移动平均线相互交叉运用绩效表

均线是压力也是支撑

均线的另一种功能,是可以作为判断压力与支撑的指标。基本上,支撑是指商品价格滑落一段时间之后,将开始反弹或涨升的价位,也是建立多头头寸的价位点。压力则是指空头市场中商品价格反弹的顶点,也是多头头寸平仓或建立空头头寸的价位。

在股票与期货市场中,寻找价格的压力与支撑点,向来是各技术分析学派奋力以赴的目标。每家分析学派都各有自己的独门功夫:有些人在价

格图上画平行线或顶点、底点连线;有些人使用价量关系,以及千百种其他的方式。我自己也有一套识别压力与支撑的方法:

运用均线相互交叉法决定压力与支撑

这种方法对当日冲销的投资人非常有用,可以非常清楚地指出做多或作空的时机。唯一的缺点,是这种方法并非绝对客观,而可以一成不变地运用。基本上,它有三阶段简单的步骤:

- 运用的均线时段比例 最好是1比8。
- 判别价格趋势 观察上一次均线交叉的状况,就可以判别。如果上一次均线交叉是多头排列,则价格趋势向上;如果上一次均线交叉是空头排列,则价格趋势向下。请参考图4-6与4-7。
- **在价格趋势上升的格局中,当价格拉回至长期均线附近,就是买点;在价格趋势下降的格局中,当价格反弹至长期均线附近,就是卖点** 图4-6与4-7充分说明了运用的方法。当然,身为当日冲销者,仍然必须每天平仓出场。

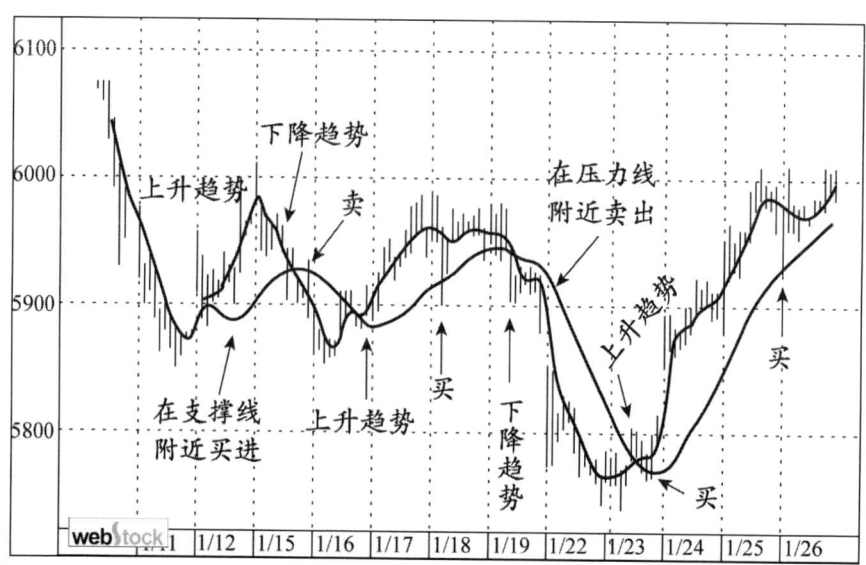

图4-6 两条均线相互交叉与压力支撑图。

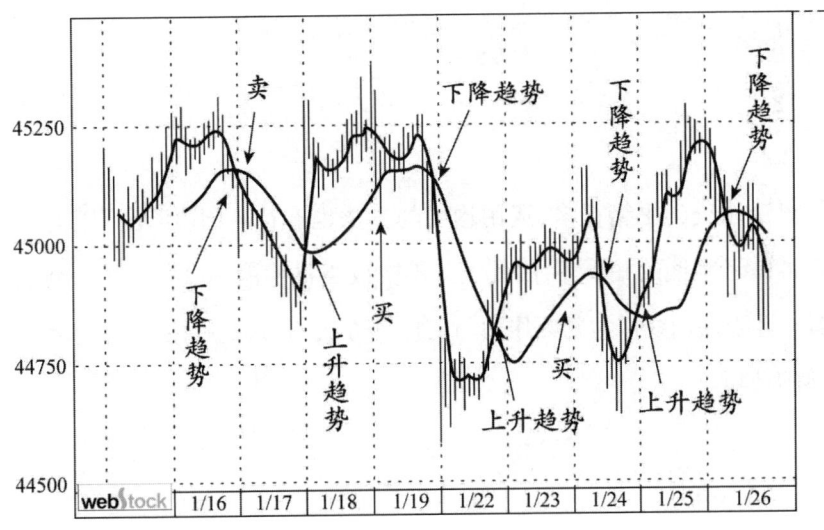

图4—7 两条均线相互交叉与压力支撑图。

这种操作方式,并非毫无风险。譬如在多头格局中,当均线弯头向下时,我们无法判定是暂时拉回还是空头格局的开始。在这个时点买进,必须预设止损点。

设立止损点的方法很多,譬如拟定一定金额的损失额度,到时即认赔出场,也可以运用其他的技术分析方法设定止损点。不论使用哪一种方法,止损点的设立与当初建立头寸的价格,必须有相当的距离,以免被盘中的震荡震出场。毕竟价格波动是期货市场的常态,必须预留适当的空间让价格回旋。

至于均线所用的时隔,最好是5分钟、10分钟,或30分钟。比5分钟短的均线,将使进出过于频繁;比30分钟长的均线,并不适合当日冲销者使用。

结 论

讨论均线的书籍很多,运用均线的方法也五花八门,但是真正能够让当日冲销者赚钱的并不多,因此我并不赞成当日冲销者以均线作为判盘的工具。至于以均线作为判断压力与支撑的方法,有其实用性,但是却需要较纯熟的技巧。

实例及训练

图 4—8 日线收盘价处于线上则做多,处于线下则做空。均线指导日内的基本方向。

图 4—9 均线周期越长，对短期的指导意义越小。

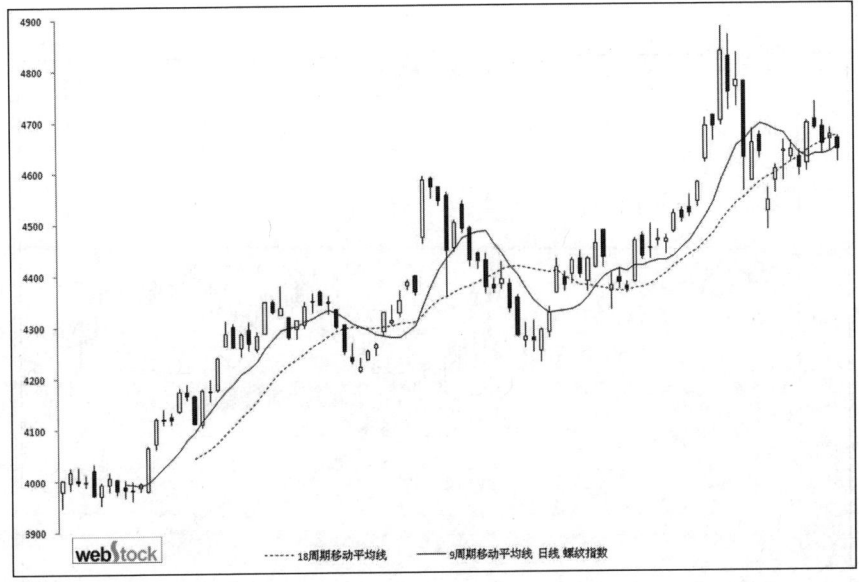

图 4—10 没有形成多头或空头排列的时候，日线均线对日内操作的指导打了折扣。

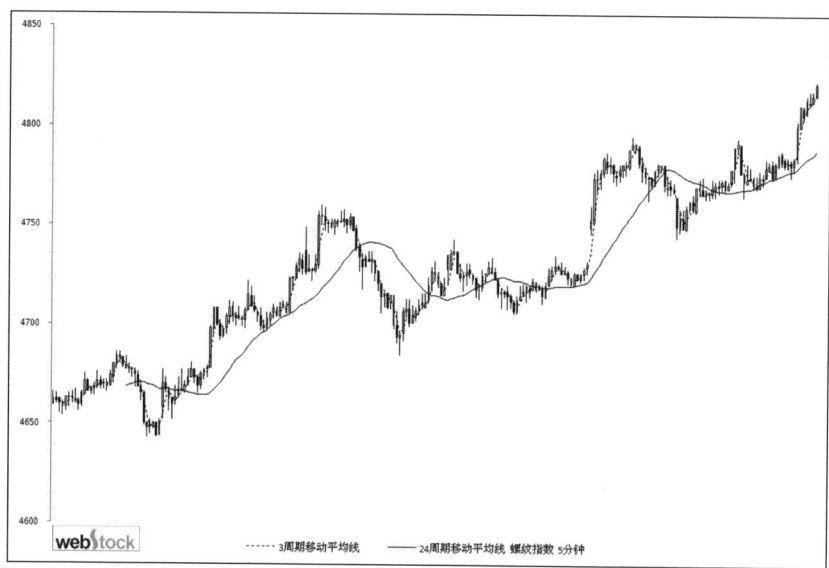

图4—11 日内5分钟图,均线交叉可以作为买卖点。

图4—12 30分钟图比5分钟图更体现趋势,均线既指导方向,又可以作为进出场时机。

图 4—12 接上图。增加了均线的周期，使进出场频率降低。

图 4—13 接上图。均线交叉也可以作为进出场指标。

图4—14 日内，长周期均线作为短周期均线的支撑和压力。

5 K、D值的运用

技术分析专家乔治·连(George Lane)所发明的K、D值法,对当日冲销者或波段投资人,都是很有用的工具。我曾与马克·席伯(Mark Silber)合写过一本关于K、D值理论与实务的书,名为《奇妙的随机指标》(Stochastic Fantastic),书中详细讨论这项技术指标的运用方法。

本章的重点,在于解说当日冲销者运用K、D值的基本方法,以及这项指标的极限。

基本概念

有经验的期货投资人都知道,运用尝试错误的方法,将多项技术指标混合运用,往往可以发现最好的指标组合。乔治·连虽然是K、D值技术指标的发明人,同时研究出许多运用的方法,我也不屈不挠地,将他的理论发扬光大,发展出好几项以K、D值和其他技术指标组合运用的方法。事实上,乔治·连也使用我所研发的技术指标组合——KD斧(Stochastic Pop Indicator)。

简单地说,K、D值就是当日的价格波动,相对于比较基期的价格波动。

譬如14日K、D值，就是今日价格的导数，与前14日迄昨日的价格导数的比值。K值经由一个简单的算术公式导出，而D值又由K值导出。K、D值的高低，就是研判行情的指标。

K、D值有两种型式，急动型与平缓型①。我们将一连串的K值、D值分别连成两条线，急动型K、D值指两条线快速地由下往上波动，而后由上往下，周而复始。平缓型K、D值的运动型态也相同，只是波动的速度较缓。K、D值的顶点和底部，与商品价格的头部和底部，有正相关性，很适合作为中、短线投资人以及当日冲销者的判盘工具。

K、D值只是两条循环波动的线图，运用的方式却有很多种，我将重点摆在适合当日冲销使用的方式，相信能充分了解并灵活运用这些方法的读者，必能从中获利良多。

首先，我先介绍运用K、D值的基本原则：

1. 通常，我们将高于75的K、D值视为商品价格的头部区，K、D值低于25的区域，视为商品价格的底部区。

2. K、D值高于75或低于25，并不必然表示必须马上采取行动。

3. 许多投资人都将K、D值单独使用，但是我发现K、D值与其他指标组合运用，效果更好。

进场指标

1. K、D值交叉

急动型与平缓型K、D线都可以做为判盘的工具，但是急动型K、D线

---

① 急动型K、D值，指不使用或使用较短平滑周期的K、D数值。平缓型K、D值，指使用较长平滑周期的K、D数值。当前所有的行情软件都允许投资者自己定义K、D所使用的平滑周期。

的波动太剧烈，我建议读者使用平缓型 K、D 线较为恰当。通常投资人以 K、D 线交叉，作为买进或卖出的信号。这种方式与使用移动平均线交叉的方式相同，缺点也相同，就是进出太频繁，使得交易手续费成为庞大的支出，甚至造成亏损。

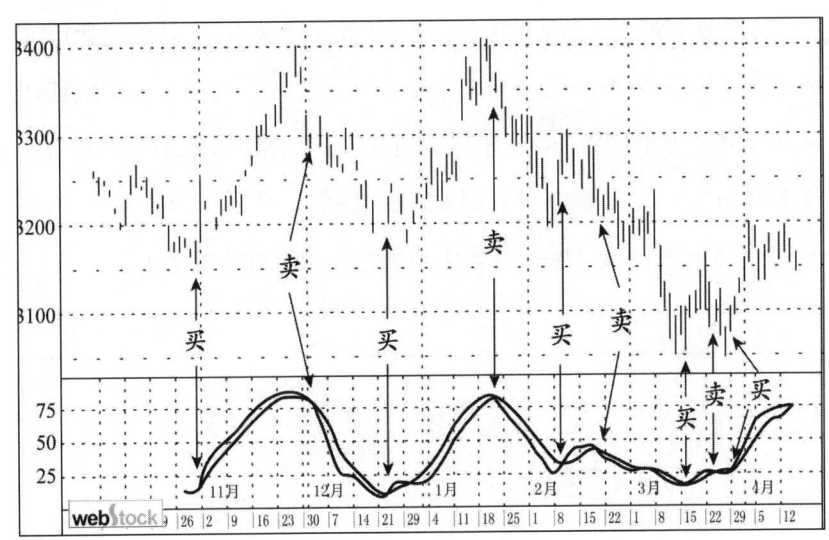

图 5—1 K、D 值相互交叉与压力支撑图

2. 运用 K、D 值的高低界

通常，K、D 值高于 75 表示进入超买区，K、D 值低于 25 表示进入超卖区，但是 K、D 值经常会在 75 以上或 25 以下盘整一段时间，所以我们不建议当 K、D 值超过 75，就执行卖出的动作，低于 25 就执行买进的动作。正确的方法，应该是在 K、D 值超过 75，盘整一段时间，弯头向下穿越 75 的时候，才做卖出的动作；相反地，K、D 值降至 25 以下，盘整一段时间，弹升穿越 25 的时候，才做买进的动作。这个方法，对中、短线投资人都适用。

投资人必须牢牢记住一点，单独使用 K、D 值作为研判的工具，未免失之单薄。如果与其他的技术指标同时应用，更能正确地判断盘势。此外，进场前先设定止损点也是必备的程序。不论运用哪一种技术分析，应有随时接受失败和损失的心理准备,是每个期货投资人的基本观念之一。

运用K、D值技术指标操作的投资人,必须勇于承认错误,更不可以摊平操作,因为K、D值的运动有一定的方向,倘使不壮士断腕而是愈摊愈平,将会造成巨大损失。

经过反复测试,我发现运用K、D值高低界做进出的指标,比运用K、D值交叉要方便得多,而且使用起来非常方便。图5-2及图5-3分别运用5分钟以及10分钟时距的K、D值做为进场及出场指标,效果非常良好。通常,5分钟、10分钟以及15分钟时距的K、D值,都适于当日冲销者运用。超过20分钟时距的K、D值,就无法满足当日冲销者的需求了。

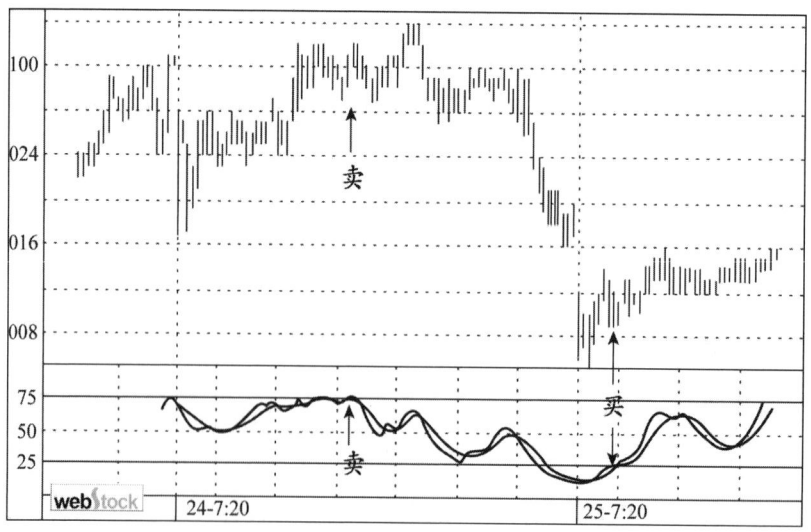

图5-2 运用 75/25K、D值所显示的买点和卖点。

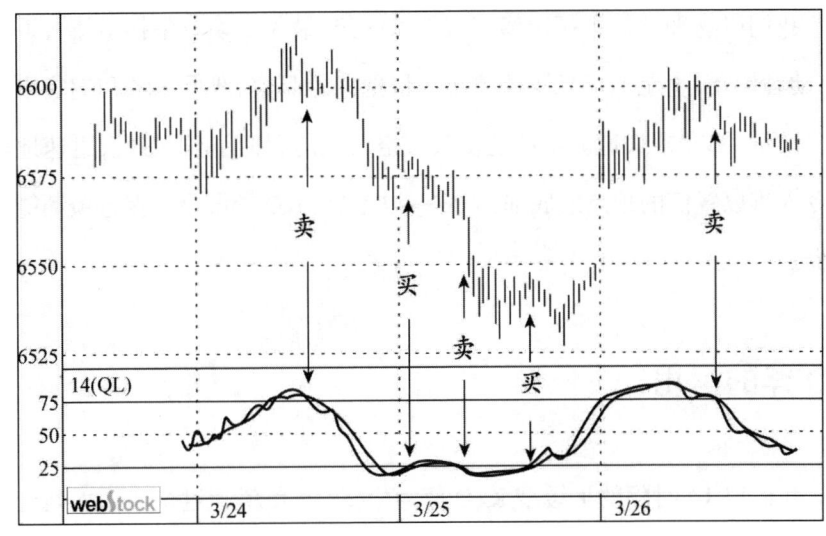

图5—3 运用75/25K、D值所显示的买点和卖点

KD 斧(SP)

许多人曾经问我,为什么用KD斧这个名称来称呼我的独门绝活?道理很简单,KD斧是一种反市场心理指标,需要有大刀阔斧的魄力,才能运用这项指标。简单地说,当KD斧指标显示买进信号时,正是市场上大多数的投资人,都认为商品价格已经进入超买区,不可能再出现更高的价格;相反地,当KD斧显示卖出信号,正是市场上大多数投资人,都认为商品价格已经跌无可跌,而开始建立多头头寸的时候。打个比方,KD斧能预见爆炸行情,当K、D值出现特定现象时,就如同脱颖而出的种子,迅速芽滋长。

经过我多年的观察,所谓的超买和超卖,根本是错误的观念。商品价格上扬时,会涨到令人难以相信的地步;商品价格下跌时,也会跌到令人无法想象的价位。不过,商品价格的底线是零,这是绝对低点。然而当价格上扬时,纵观25年来的期货市场,却显然毫无界线。KD斧即掌握市场动能的特性,当市场动能强的时候做多,市场动能弱的时候做空。

我们以物理学的牛顿定律来解释KD斧,最为贴切。牛顿定律告诉我们,动者恒动,直至动能耗竭才停止。根据我的观察,股票市场和期货市场的大波动,都非常快速。不论是多头或空头动能,都是迅即爆发,迅速地达到令人难以置信的顶点或底部,完成一波走势。KD斧即是掌握这项动能的利器。

KD斧的运用

我们以14时隔的平缓型K、D值为指标,当K值超过75时,立刻进场做多。如果使用5分钟时距的K、D值,就必须在5分钟内以市价进场;如果使用10分钟时距的K、D值,就必须在10分钟内以市价进场。至于在5分钟或10分钟内的哪一点进场,就靠投资人自己的经验和火候了。出场平仓的时候则有两个,一是当价格触及预设的止损点时,一是K值与D值交叉时,这两种状况,都是平仓出场的时机。

图5-4,5-5,5-6,都是KD斧运用的图示。图中使用的代号所代表的意义如下:

B=进场建立多头头寸

S=进场建立空头头寸

SL=卖出多头头寸平仓

CS=买进、使空头头寸平仓

F=当日交易结束前,强迫平仓出场

37 / K、D 值的运用

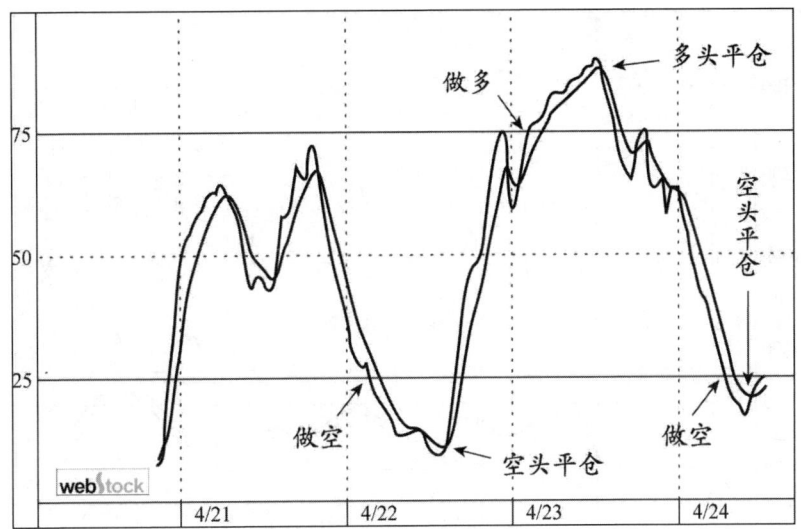

图 5—4 理想的 KD 斧运用法。

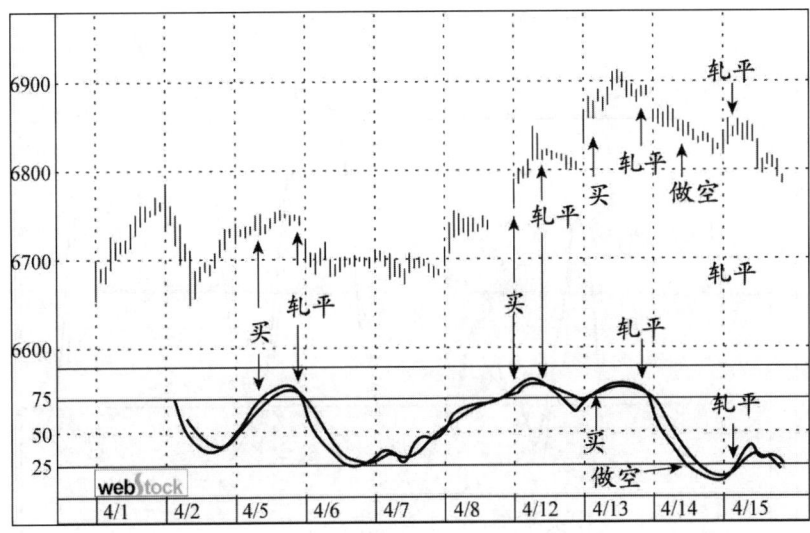

图 5—5 KD 运用于瑞士法郎期货

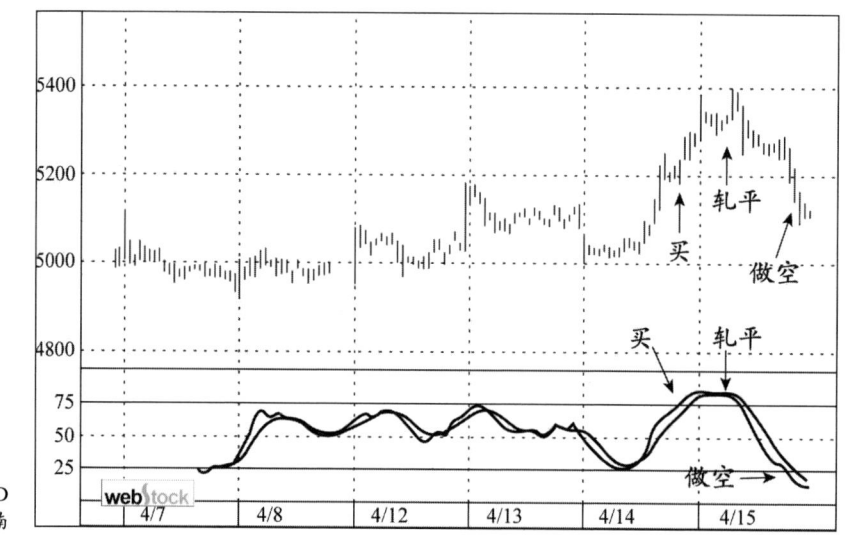

图 5-6 KD 运用于猪腩期货

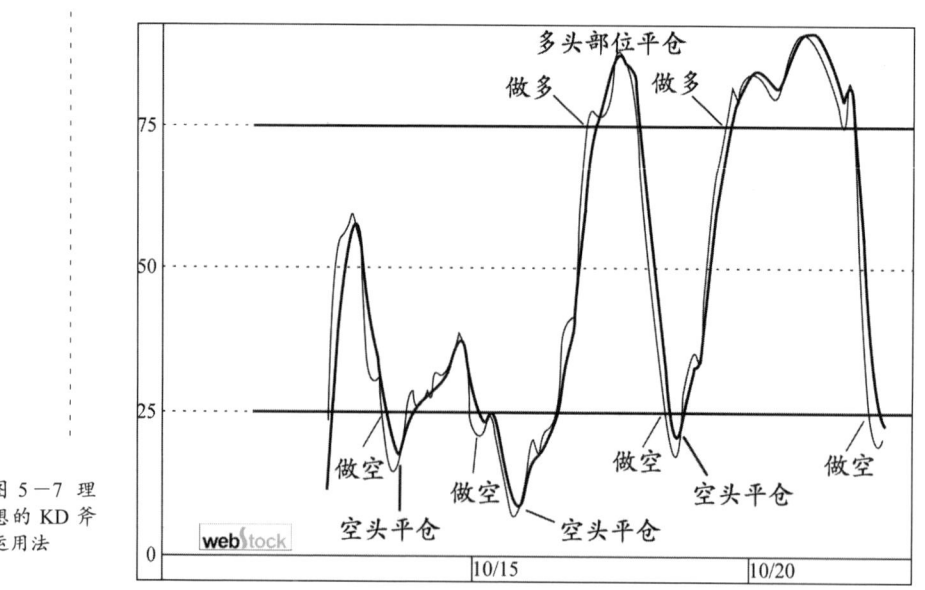

图 5-7 理想的 KD 斧运用法

从这些图表中我们可以清清楚楚地看到,KD 斧所显示的买进或卖出信号,都可以获利。只要遵循 KD 斧所指示的进场和出场信号,当可得心应手地操作。

虽然 KD 斧的操作技巧非常简单,当日冲销者却必须专注于行情的变化,即时观察到 K 值与 D 值交叉的时机,否则进出失序,反而造成亏损。此外,当使用 KD 斧操作时,务必以市价进场或出场。有些投资人企图以定价买进或卖出,结果常常得不偿失。最后,以 KD 斧作为当日冲销指标的投资人,务必要在交易结束前找机会平仓出场。

适合 KD 斧的商品

就我个人的经验,KD 斧指标对波动性高的商品特别有效,包括大部分的外汇期货,有时候 S&P 500 原油与债券期货也很合适。综合观察的结果,S&P 500 最适合使用 KD 斧指标来操作。不过,市场时时在变化,我建议投资人不时地以 KD 斧观察几个市场,一旦时机成熟,发现某项商品的波动适合以 KD 斧操作时,立刻把握获利良机,大胆进场。

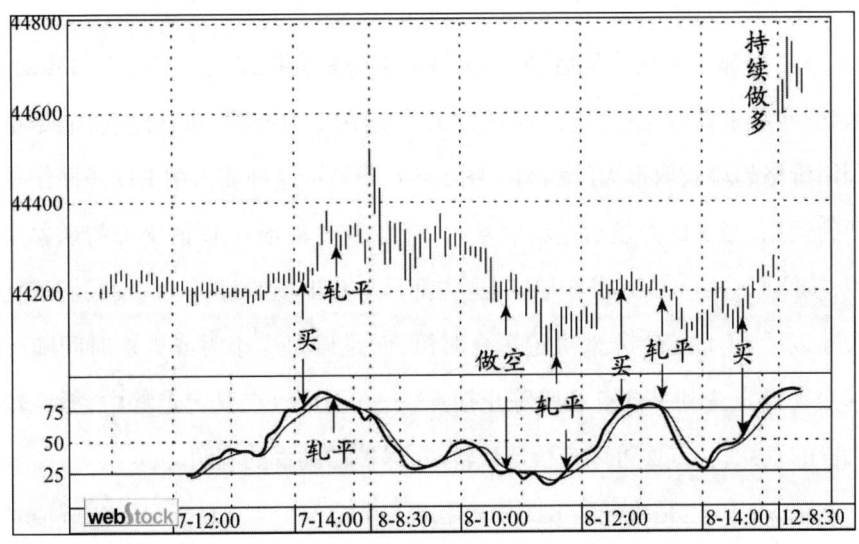

图 5—8 KD 斧运用于 S&P500 指数期货

活用短打战术

KD斧与短打战术(hit-and-run)合并运用,可以产生意想不到的效果。也就是说,KD斧指标进场,建立多头或空头头寸,只要一有获利,立刻平仓出场。这种方法的好处,在于创造快速且少量的利润,缺点则是当价格朝预期的方向继续移动时,徒然失去获取较大利润的机会。

这项缺点并非不能克服,如果我们能在进场时建立数个头寸,就可以灵活运用KD斧与短打战术。譬如,当KD斧显示进场信号时,我们可以建立数个头寸,最好是偶数,再将所建立的头寸分两部分,一部分使用短打战术,打了就跑,一部分等到KD斧显示出场信号时,再获得了结。

攻击型KD斧

KD斧显示进场信号后,商品价格的走势常会持续往既定的方向移动,因此,我特别设计出一套攻击型的KD斧运用法,使建立头寸之后,能尽量利用价格趋势获取最大的利润。图5-9,即显示这种攻击型KD斧操作技巧的运用,当KD斧显示进场信号后,有许多次K值与D值交叉的现象发生,按照原始的KD斧操作原则,这些都是平仓出场的时机。倘使我们建立头寸以后,不以KD斧来决定平仓时机,而是以每半小时或更短时间随行情变动设定获利平仓点和跟踪止损点,一方面可以在既定走势中,抓住较大段的利润,一方面可以在行情反转时,保护已到手的利润。

图5-10也是攻击型KD斧运用的一个范例,当KD斧显示买进信号后,价格朝着既定的方向移动。如果按照原始的KD斧操作原则,应该在第一次K、D值交叉时即平仓出场。但是我们使用攻击型KD斧的操作方式,

逐步提高止损点，可以使已建立的头寸保留更久，利润也较大。

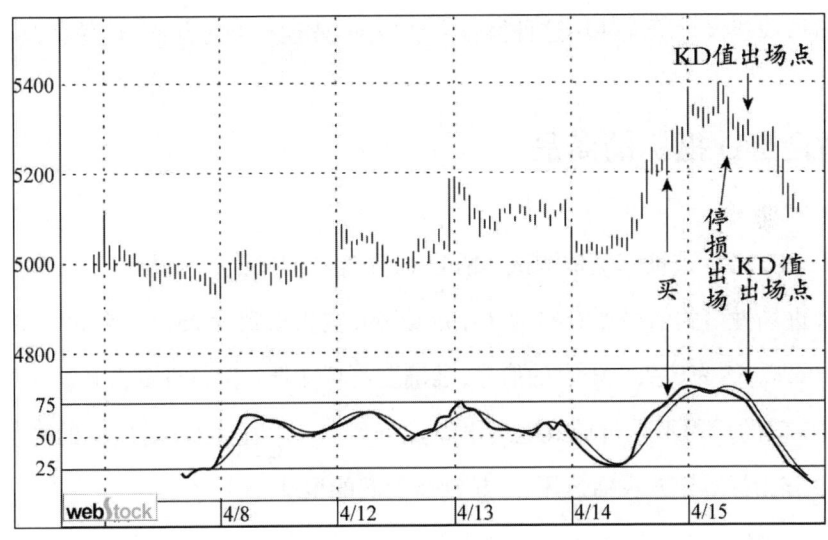

图 5—9 攻击的 KD 斧操作法，猪腩期货

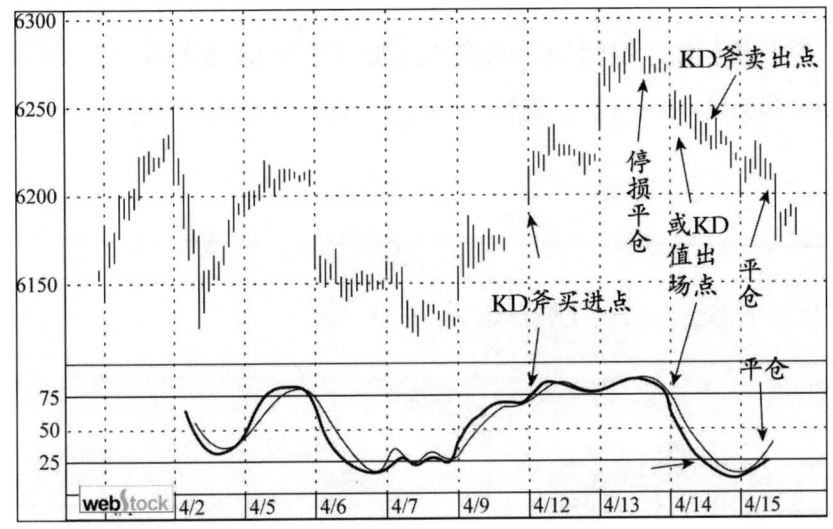

图 5—10 攻击型的 KD 斧操作法，德国马克期货

在大部分的状况下，攻击型 KD 斧可以使我们在进场信号显示后，掌

握住一大段价格利润。KD斧技术指标并不适合保守型的当日冲销者使用。而且,我建议投资人使用这种操作方法以前,先模拟演练几次,较易掌控。

适合KD指标的商品

KD指标曾被广泛地测试,测试的资料涵盖1960年代以后的大部分商品,进场做多的信号点有些为75,65或60,空头点则为25,15或30。结果显示,以65为多头攻击点的信号,准确度不算太低。但是投资人必须注意,K、D值的运用不是机械式地遵循既定守则,K、D值交叉,K、D值的高低,KD斧指标等交互灵活运用,才是创造利润的根基。

虽然K、D值指标几乎可以适用于每一种商品,投资人还是应该选择波动性较大的商品来操作,较有获利的空间。基本上,S&P 500、瑞士法郎、英镑、债券、原油,都是较适合使用KD指标的商品。此外,由于突发性事件,以及基本面变化所引起行情波动,也适于使用KD指标来操作。棉花、木材、猪腩以及黄豆,就是最容易受消息面变化影响的期货商品。

实例及训练

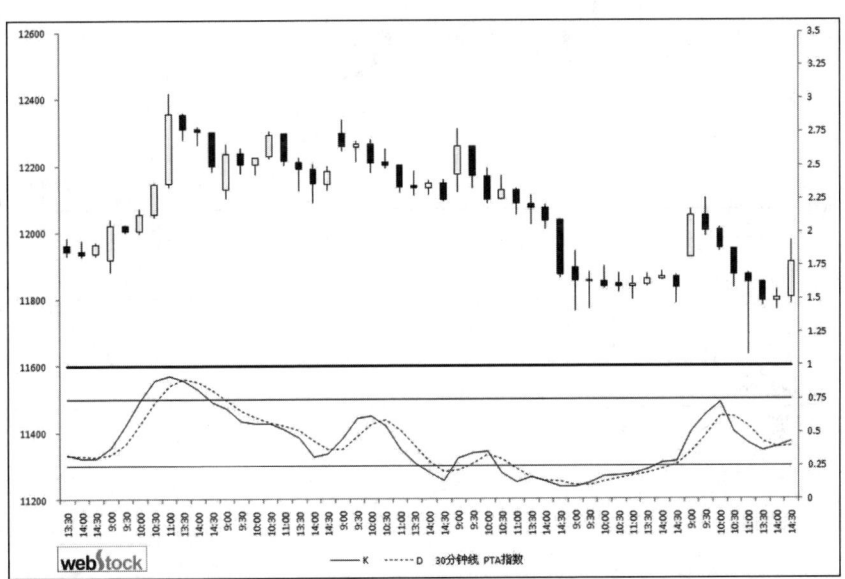

图 5-11 读者自行根据 KD 交叉操作方法标出开平仓点。

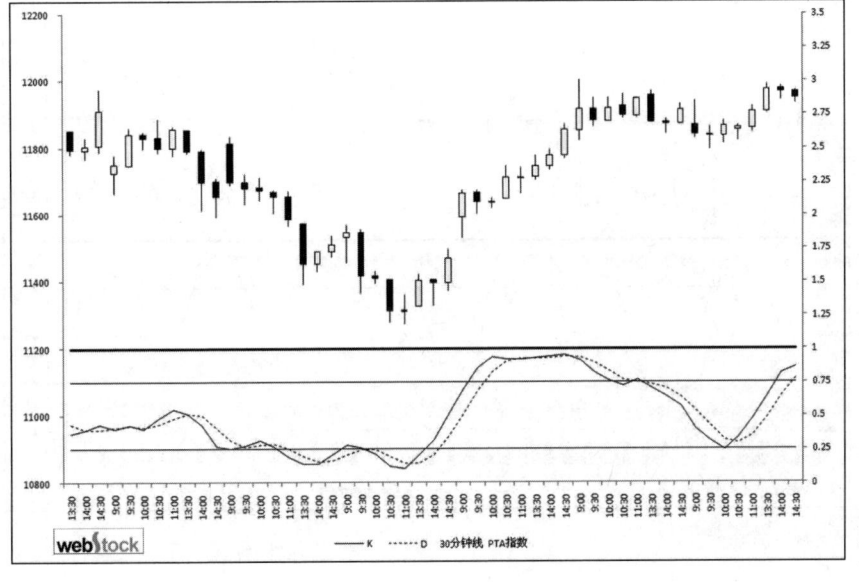

图 5-12 读者自行根据 KD 交叉操作方法标出开平仓点。

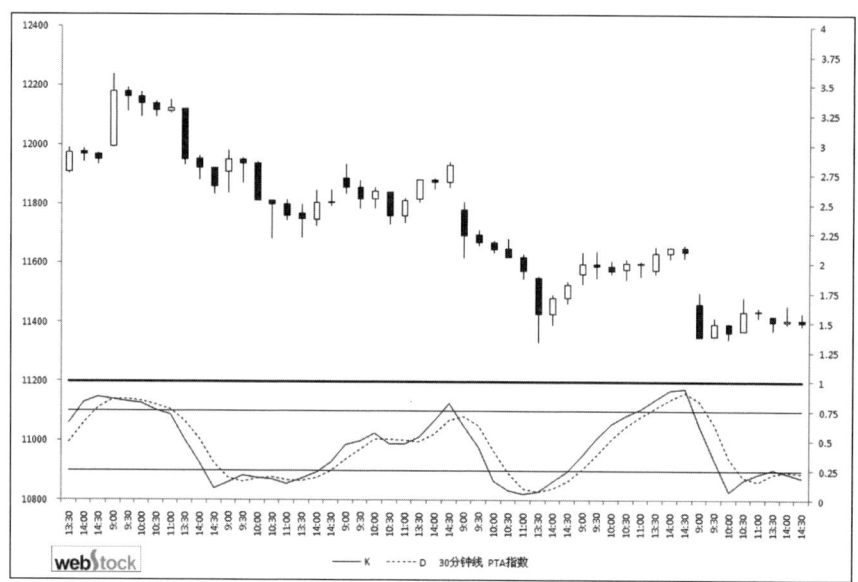

图 5-13 读者自行根据 KD 交叉操作方法标出开平仓点。

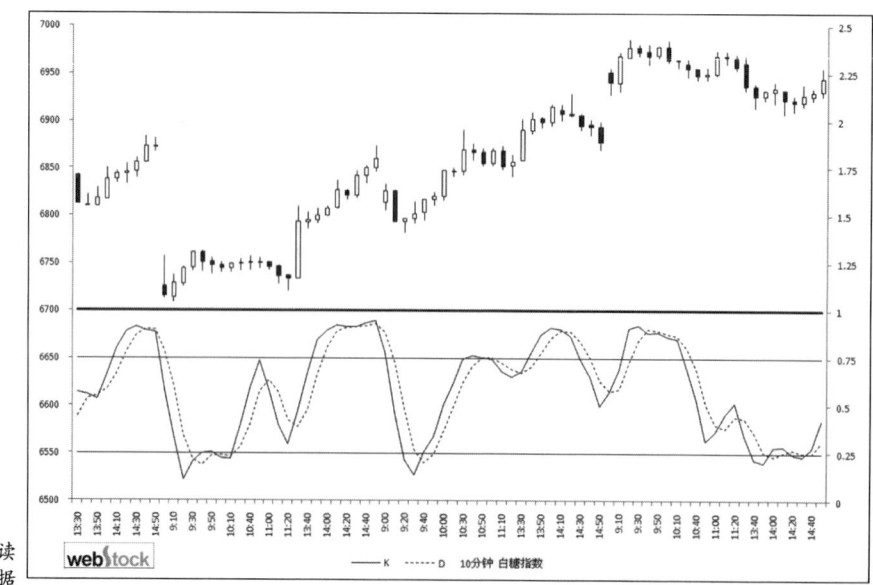

图 5-14 读者自行根据 KD 交叉操作方法标出开平仓点。

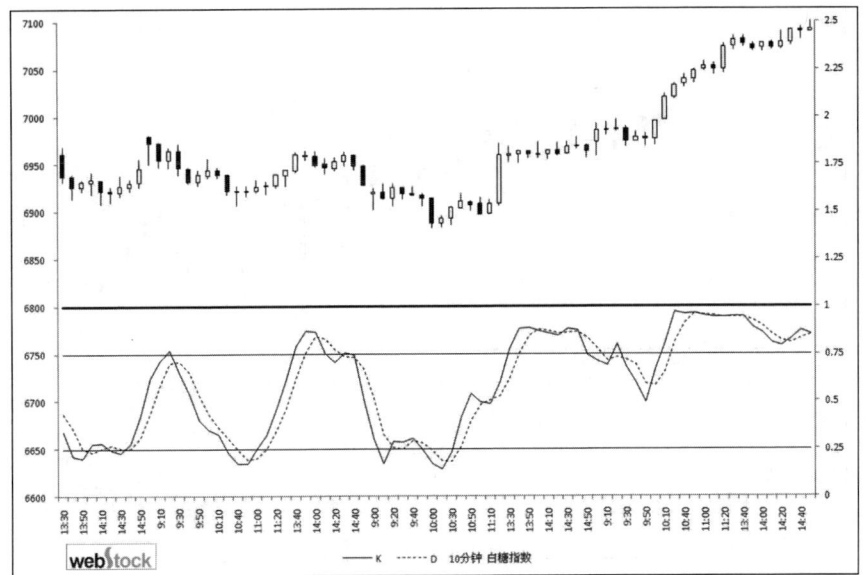

图 5—15 读者自行根据 KD 交叉操作方法标出开平仓点。

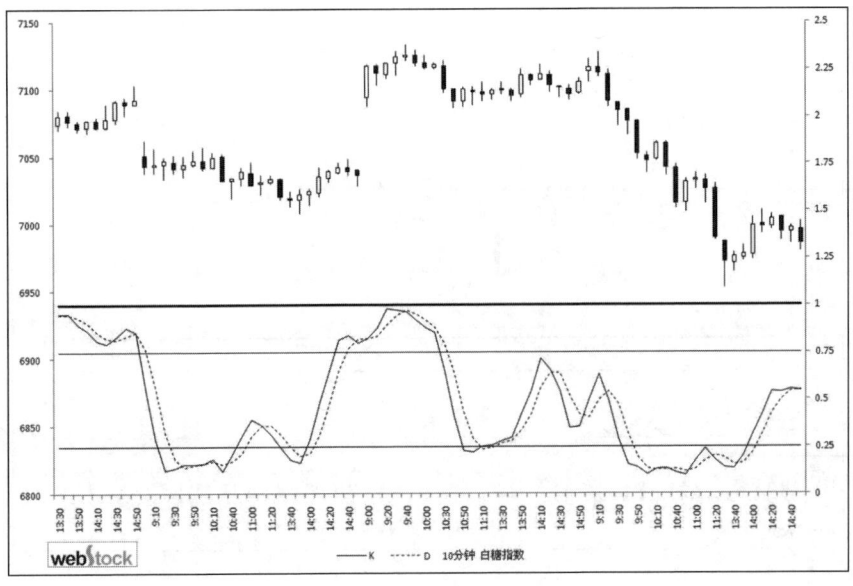

图 5—16 读者自行根据 KD 交叉操作方法标出开平仓点。

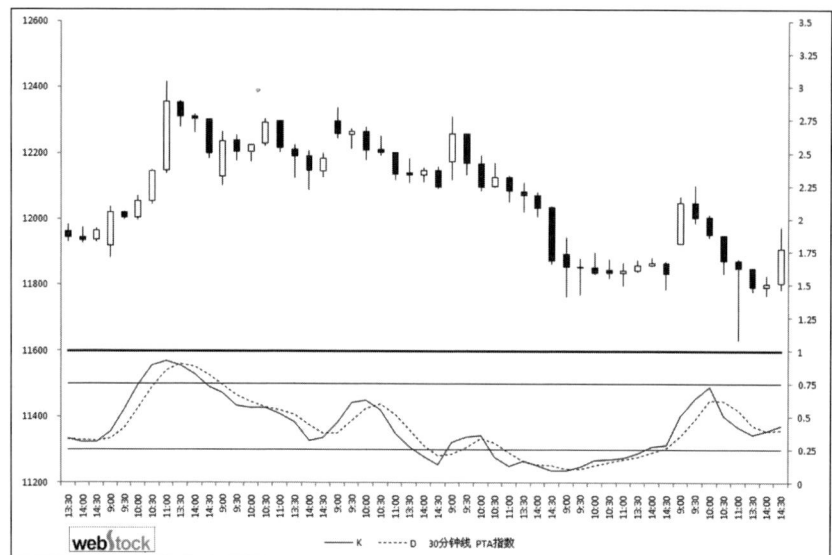

图5-17 读者自行根据KD斧操作方法标出开平仓点。KD斧操作方法:K上穿75做多,下穿D平仓;K下穿25做空,上穿D平仓。收盘前强制平仓。

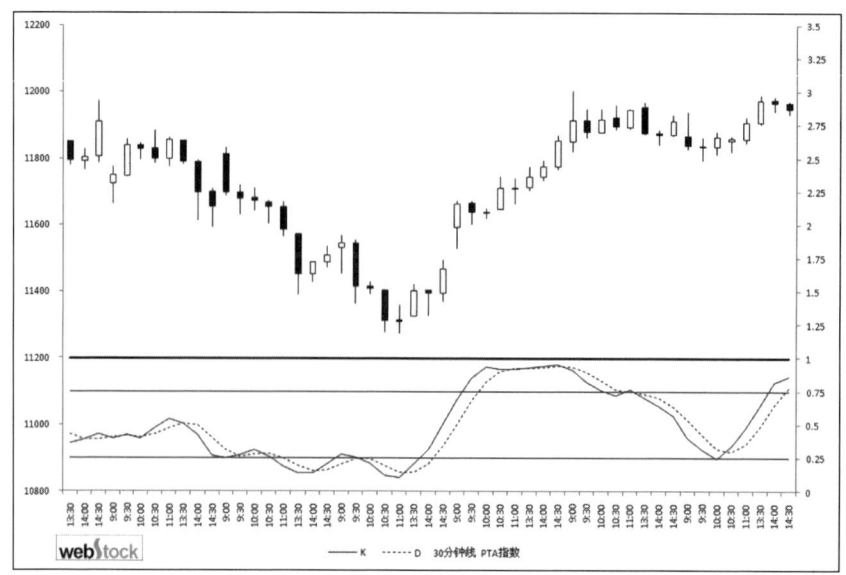

图5-18 读者自行根据KD斧操作方法标出开平仓点。

47 / K、D值的运用

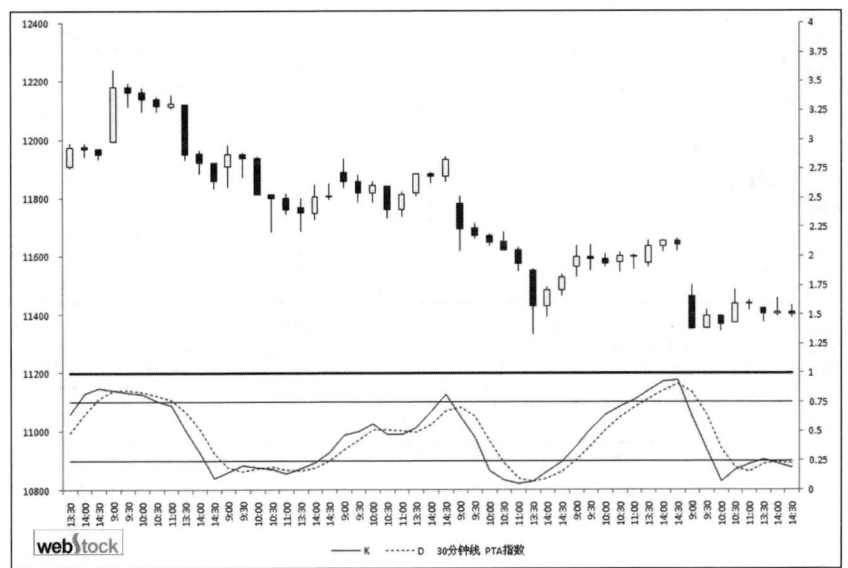

图5-19 读者自行根据KD斧操作方法标出开平仓点。

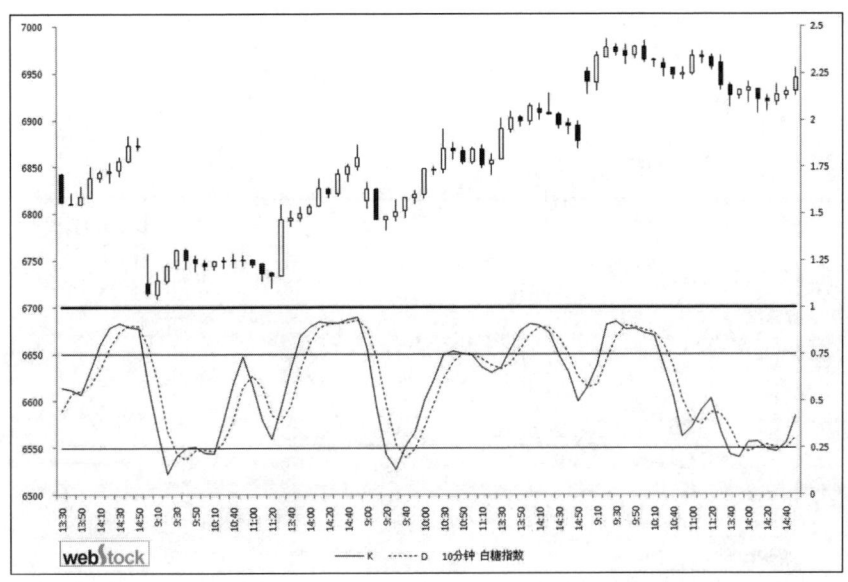

图5-20 读者自行根据KD斧操作方法标出开平仓点。

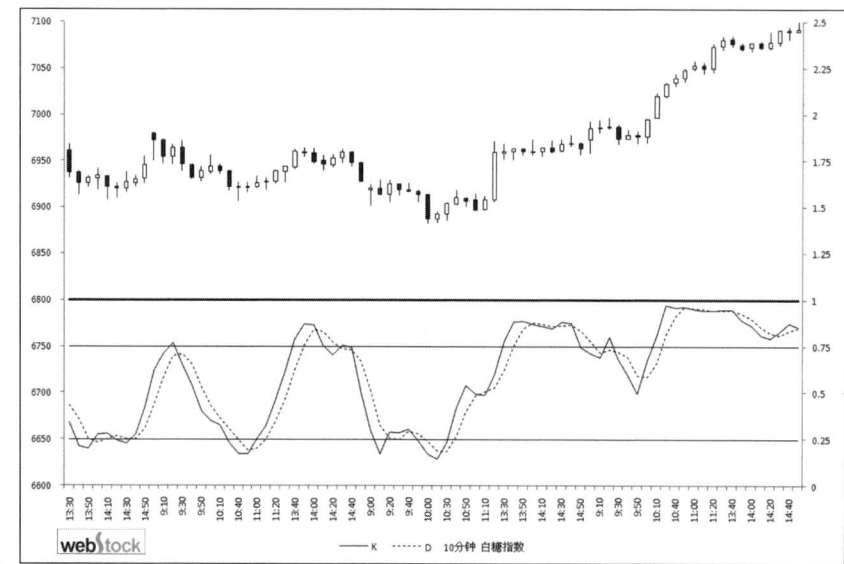

图 5-21 读者自行根据 KD 斧操作方法标出开平仓点。

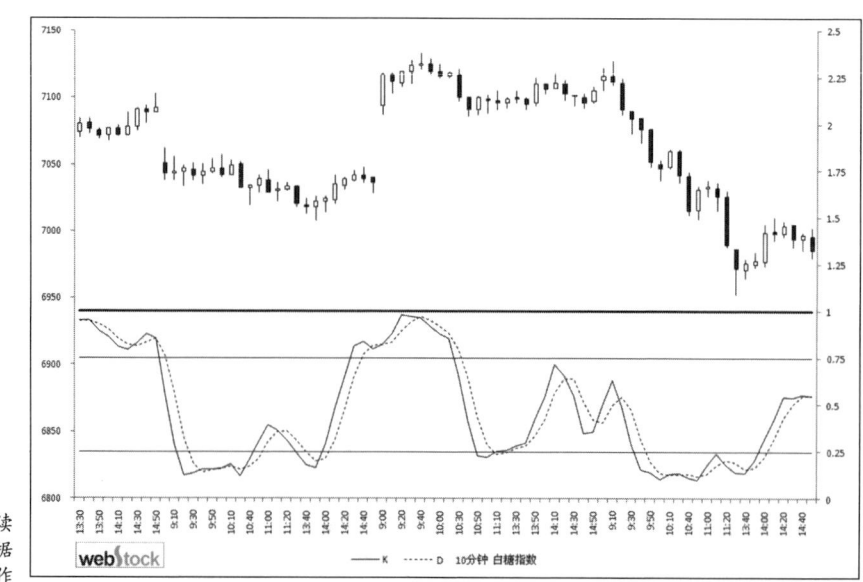

图 5-21 读者自行根据 KD 斧操作方法标出开平仓点。

6 开盘跳空缺口

我研究过许多种技术分析,也实际运用过好几种技术分析来操作期货,其中我最喜欢的,莫过于使用开盘缺口来研判进场时机。道理很简单,开盘缺口的运用,最不需要耗费心思。本章所讨论的开盘缺口操作法,指在开盘时或开盘一小时内进场或出场,而在止损点或当天收盘时平仓出场。首先,我们给开盘缺口一个明确的定义。

开盘缺口,指当日的开盘价高于前一天的最高价,或低于前一天的最低价。

譬如某项商品昨天的最高价是 59.1 美元,最低价是 58.6 美元。如果今天的开盘价高于 59.1 美元,就是一个向上跳空缺口;如果今天的开盘价低于 58.6 美元,就是一个向下跳空缺口。

对于开盘价的定义,向来有许多争议,我自己也有一套见解。如果读者在电脑显示屏幕上看即时报价,或从报纸上、杂志上阅读期货行情表,当可发现开盘价永远在栏位的最左端。栏位的顺序依序是开盘价、最高价、最低价、收盘价。有时候收盘价也称作清算价格。以当日冲销者的目的而言,我将开盘价定义为当天最先出现的价格。

也就是说,当天在电脑屏幕上最先闪现的价格,就是开盘价。这个定义,与期货交易所的定义有些出入。有些时候,交易所的开盘价是指价位区间,可能有两、三档,而我们所指的开盘价纯指最先闪现的价格。

图6-1及6-2即显示理想的开盘向上跳空缺口,及开盘向下跳空缺口。从图中,我们可以极其容易地根据我们的定义找出开盘价,而且可以客观并机械式地运用。

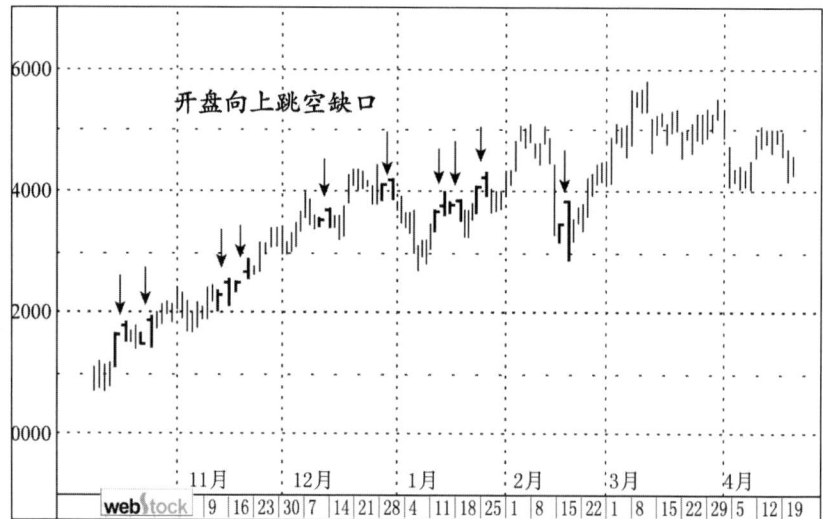

图6-1 开盘向上跳空缺口,S&P 500 指数期货。

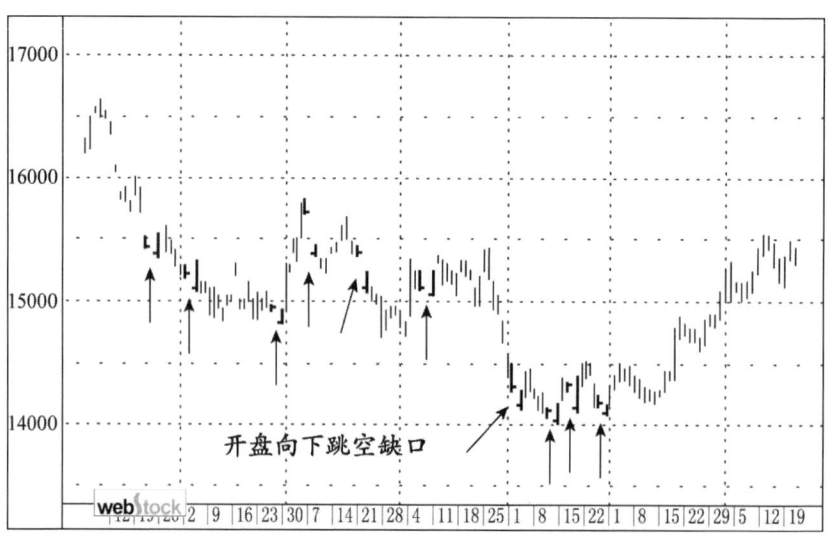

图6-2 开盘向下跳空缺口,S&P 500 指数期货。

操作原则

开盘缺口指标 Gap Open Signals(GO)

通常，我使用两种开盘指标。第一种叫做开盘缺口指标 gap open signal (GO)，第二种叫做落后开盘缺口指标 delayed gap open signal(DOG)，两种指标都各有其买进和卖出的规范。

向下跳空缺口

当开盘价向下跳空开出时，极可能当天的底部就在附近，也就是买进或做多的信号。大部分的向下跳空缺口，都发生在利空消息发布之日，不论是国际性或国内的负面消息，导致投资人预期行情将下跌，因而在开盘时卖方的力道大于买方。以下是开盘向下跳空缺口的运用原则：

1. 当利空消息使开盘价向下跳空开出时，首先显示的是买进信号或进场做多的良机。

2. 当行情向下跳空开出，旋即反弹向上并穿越前一日的最低价，当日冲销者应该立刻进场做多。

3. 这时的买单，应该以导价买单（buy stop order），或导限买单（buy-stop-limit order）的形式下单。

4. 买单成交之后，必须马上设置止损单。止损单的价位可以是自己所能容忍的额度，或在当日最低价的下几个档位。

5. 这两种止损单的设置，以自己所能容忍的额度为依据较佳。因为参考当日的最低价，极可能在行情震荡中被洗掉。

图6-3就是这种操作方式的最佳图示。图中显示，三月份的S&P 500指数期货昨天的最高价为410.00，最低价为408.00，收盘价为408.50。今天的开盘价为407.50，比昨天的收盘价低100点，比昨天的最低价还要低50

点,操作原则一的进场做多信号就显示了。

这时,当日冲销者应设置408.10的导价买单或导限买单。也就是说当行情反弹,穿越昨天的最低价408.10两档时,你的多单就成交了,而且可以在当天收盘时获利了结出场。

这种操作技巧的技术面和心理面相当容易理解。如果行情跳空而下,大部分投资人都认为行情还会再跌,因而大举卖出,使行情雪上加霜。当卖方的力道枯竭,商品价格即不再下跌,如果买盘力道够强劲,行情将往上弹升,升逾昨日的最低价时,大部分投资人会反空为多,大举进场,将价格继续往上拉抬。这也是当日冲销者掌握一大段行情的最好时机。

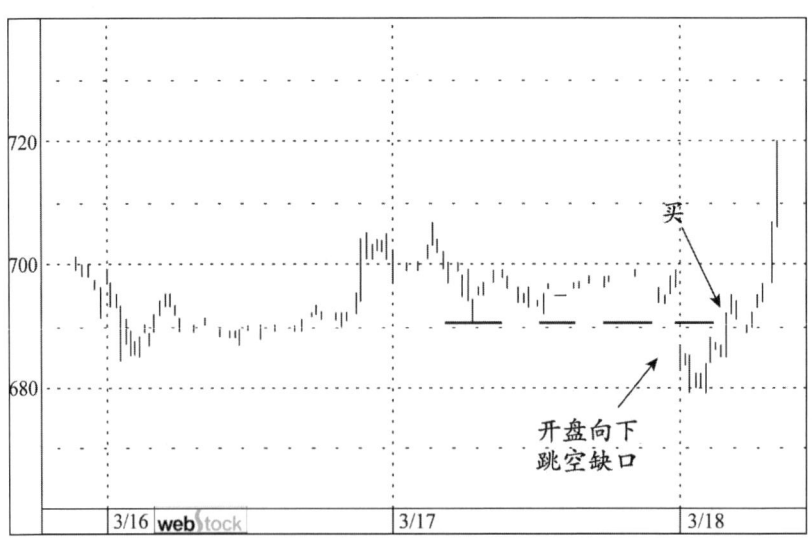

图6—3 开盘向下跳空缺口所显示的买进信号。

当日冲销者依据开盘向下跳空缺口的操作原则,建立多头头寸后,必须马上设立止损单。止损单可以设立在当日最低点的下数档位置。譬如你的买进价位在401.10,当日的最低价在399,止损单应设在398.90。另一种设定止损价位的方法,则完全根据风险管理的原则。目前市场上大部分当日冲销者都把止损点设在买进价格的数档之下,我十分不赞同这种方法，尤其当操作的标的是外汇期货及S&P500指数期货，已建立的头寸很可能会在较巨幅的行情波动中被洗掉，失去获利的机会。然而大部分的当日冲销者资本都不雄厚，不容许将止损设在较远的距离。这种尴尬的抉择仿佛是一个铜板的两面，不能忍受相当额度的损失，就无法获取相当额度的利润。

向上跳空缺口

开盘价向上跳空开出，形成缺口，即是进场做空信号。操作的程序与向下跳空完全相反，图6-4即显示操作的方法。

图6-4 开盘向上跳空缺口所显示的卖出信号。

1. 当开盘价向上跳空开出，即显示应进场做空。
2. 当商品价格反转而下，穿逾前一日的最高价位时，即应进场做空。
3. 当日冲销的投资人应在这时候投递导价空单或导限空单。
4. 空头部位建立以后，马上设置止损单。
5. 止损单价位的决定，根据风险管理的规范较为合适。

如图6-4所示，美国长期公债期货前一日的最低价为10201，最高

10214。今天的开盘价为10126,虽然是一个向上跳空缺口。当然,美国长期公债期货在美国境内的期货交易所休市后,仍在世界其他地区继续交易。但是我们使用开盘跳空缺口,并不考虑其他地区的交易价格,仅以美国地区前一日的最高价,最低价以及收盘价为准。如果读者想列入其他地区的交易价格,必须再多下功夫研究其间的关系。

图6-4当向上跳空缺口形成,当日冲销者必须在前一日最高价的下两档,即10212的价位设导价空单或导限空单。但是在这个例子里,由于芝加哥期货交易所CBO并不接受美国长期公债的导限空单,投资人只能用导价空单进场。当行情反转向下,到达前一日最高价低两档的价位时,你手上就握有了空头头寸,这时,你必须马上设置一张止损单。

开盘向上跳空缺口的心理面和技术面,与开盘向下跳空缺口原理相同,只是解释的方向相反。当商品行情向上跳空开出,表示空头心生畏惧,纷纷回补,多头也奋勇抢进。当多头力道逐渐衰竭,价格向下滑落,穿越前一日的最高价,开盘时抢到高价的投资人开始认赔杀出,被洗掉的空头则向下压,再建立新的空头头寸。这两种力道联合起来,使价格大幅向下滑落。开盘向上跳空缺口的获利契机,即在于掌握这种盘势的大众心理。图6-8及图6-11,即是开盘向上跳空缺口的示意图。

止损单的设置

通常,向上跳空缺口或向下跳空缺口的现象出现时,当日的行情都会有剧烈震荡。有经验的当日冲销者,都希望能在震荡行情中尽量多赚,因此,逐步提高止损点就成为相当重要的操作方法了。

- 当开盘跳空缺口形成,且你已建立头寸之后,一旦所建立的头寸已达获利阶段,必须马上在手续费加上一点点利润的价位,设置止损单。如果行情反向转动,止损单可以保护你的利润。几乎所有的当日冲销者,都自有一套订定止损单的方法。我建议投资人自己在事先拟订订价的程序,以

S&P 500 指数期货为例，150 点或 750 美元的间距，是个相当理想的价位。

- 一次购买**多个头寸**的方式，也是增加获利的另一种方法。假设我们在开盘跳空缺口形成时，建立两个头寸或双数头寸，并分成两部分操作。如果盘中价位未触及止损单的价位，则在临收盘前获利了结。根据我的经验，多个头寸的操作方式，是最理想的获利方法。

- **跟踪止损**的方法，或许对波段操作的投资人不很合适，对当日冲销者却是一项锐利的操作工具。因为当日冲销者的交易时间有一定限制，必须在当天出场，而波段操作者运用这种方式，常会因价格盘滞不动而不知如何是好。运用开盘跳空缺口建立头寸后，当日冲销者可以依据前半小时或前一小时的价位，设立止损单。如果你买入多头头寸，行情也往上攀升，就可以将止损单设在前半小时或前一小时的最低价。如果你握有空头头寸，可以将止损单设在前半小时或前一小时的最高价位。止损单设置之后，必须每半小时或每一小时改变一次止损价格，以保持最高获利，且在行情反转时保证已有的利润。

- **根据前三条 K 线图**的最高或最低价来设置止损单，也是不错的方法。譬如，你在开盘跳空缺口显示后，建立多头头寸，就可以用前三个 5 分钟 K 线图的最低价，设置止损单。如果前三个 5 分钟的最低价分别是 34.50、34.20、33.97，就在 33.97 的低两档位位，设置止损单。如果你握有的是空头头寸，则必须在前三个 5 分钟的最高价位上两档，设置止损。

以上所说的设置止损单，并非实际下单动作，而是自己在心中预设的出场价位。否则你和你的经纪人，都会因为不断地改价而疯狂。

落后开盘缺口指标 Delayed Gap Open Signals (DGO)

有时候，开盘缺口与前一日的价格落差很大，商品价格必须往上冲一段，才能达到前一日的最低价；或往下滑落一大段，才能到达前一日的最高价。我们先前所介绍的开盘跳空指标法，就显得无用武之地。因此，我特别设计出一套落后开盘跳空缺口指标法,针对在开盘跳空缺口形成后,却在一小时内未能达到我们先前所设定的进场点,而仍有机会可以进场。图6－5就是这种操作方法的示意图。

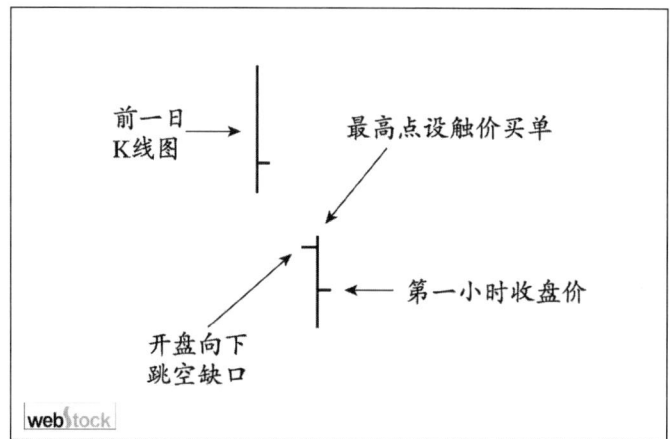

图6－5 落后开盘向下跳空缺口买进信号示意。

落后开盘向下跳空缺口

1. 当商品价格开盘形成向下跳空缺口,按照先前所叙述的GO操作法,在前一日最低价的上两档,设置导价买单。

2. 如果经过一个小时,商品价格仍无法穿越前一日最低价,先前所设置的多头买单仍无法成交。如果这时商品的价位,比开盘价高两档以上,可以马上进场做多。

3. 如果开盘后一小时,先前按照GO操作法所设置的买单尚未成交,且市价仍低于开盘价,则可在高于开盘价两档的价位,设置导价买单。一旦商品价格上升到高于开盘价两档的价位,买单就成交了。先前我们按照GO操作法所设置的买单不必取消,一旦价格持续往上窜升,你就可以握有两个多头头寸。图6－6就是这种操作方式的示意图。

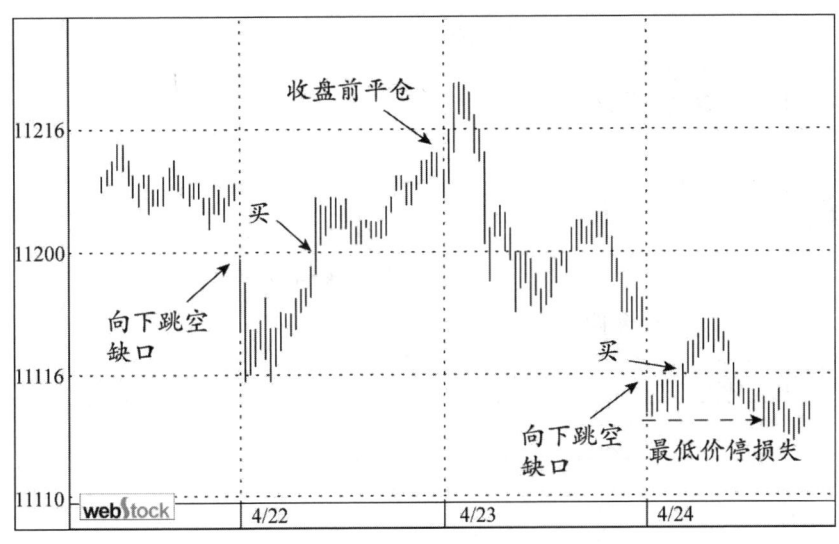

图 6-6 落后开盘向下跳空缺口的实际例子。

落后开盘向上跳空缺口

1. 当开盘形成向上跳空缺口,我们先按照 GO 操作法,在前一日最高价的下两档处设置导价空单。

2. 开盘一小时后,如果先前设置的导价空单仍未成交,且当时的市价低于开盘价,必须马上进场建立空头头寸。

3. 如果当时的市价仍高于开盘价,可在开盘价的下两档价位,再设置导价空单。先前按照 GO 操作法所设置的空单,不必取消。

图 6-7 及图 6-8,即是落后开盘向上跳空缺口的操作图示。投资人必须谨记,DGO 只能在开盘后一小时运用。

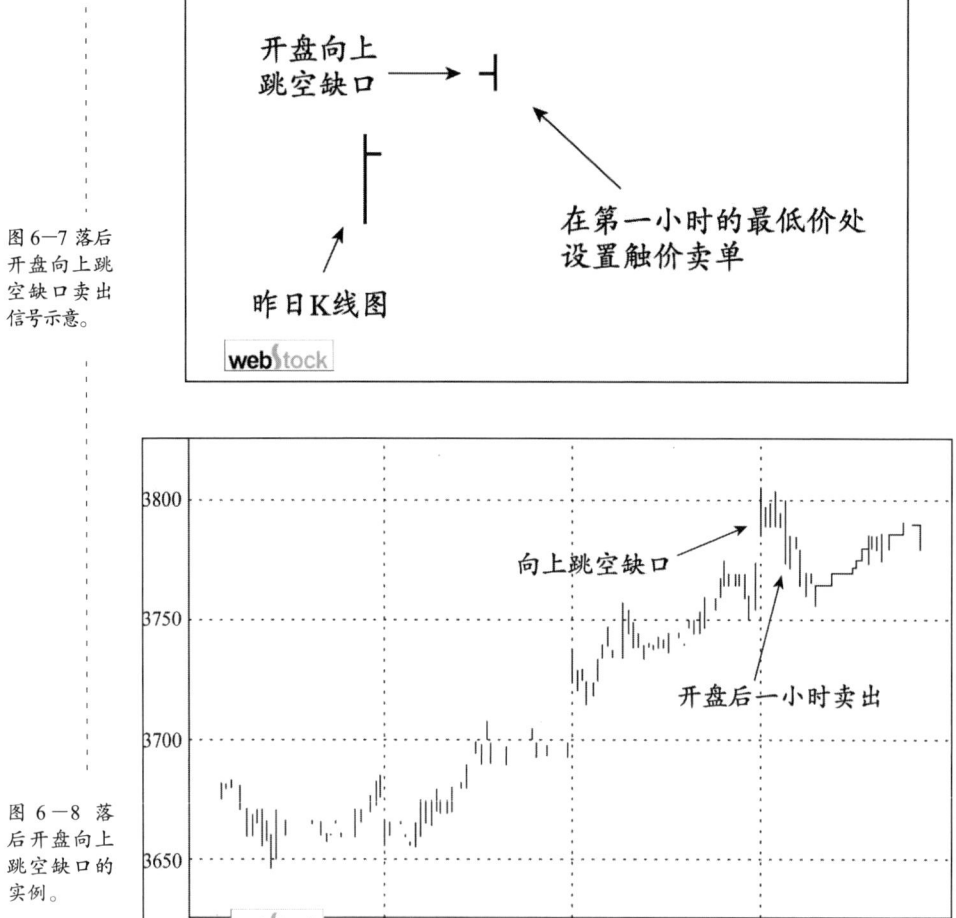

图6-7 落后开盘向上跳空缺口卖出信号示意。

图6-8 落后开盘向上跳空缺口的实例。

注意事项

我曾经提及,开盘跳空缺口是我最喜欢使用的当日冲销指标。因为开盘跳空缺口形成后,当日几乎都会有大行情。当然,这项操作法必须运用于平时波动性良好的商品,才能获得相当利润。通常 S&P 500、外汇、债券、原油以及贵重金属,都适于运用这项指标。当然,商品在前此的波动性和流动性是我们必须考虑的因素之一。

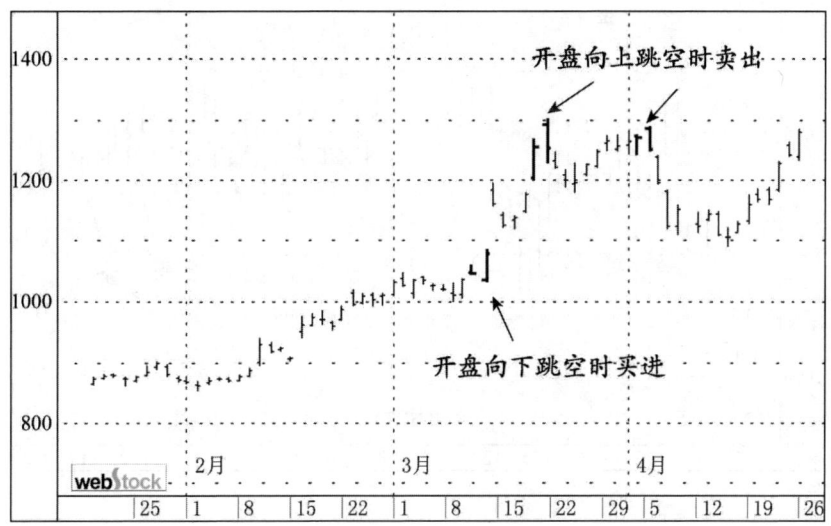

图 6-9 开盘跳空缺口的实例，糖。

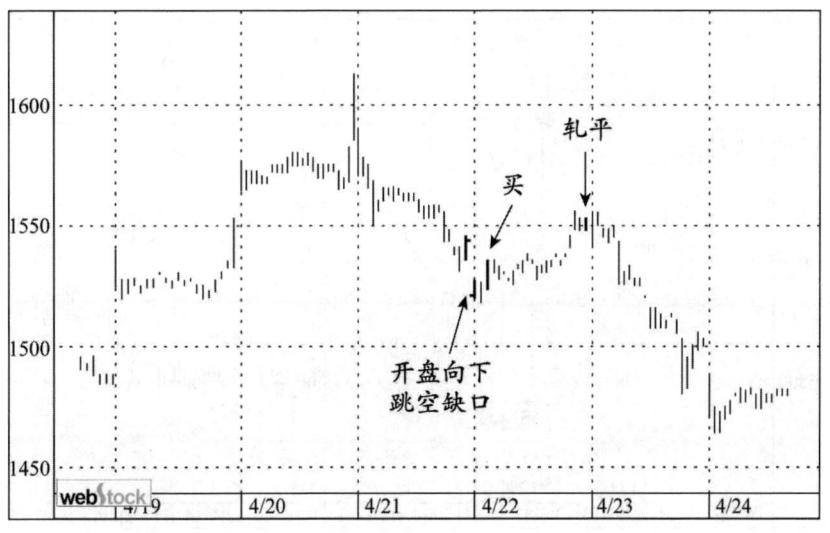

图 6-10 开盘跳空缺口的实例，羊毛。

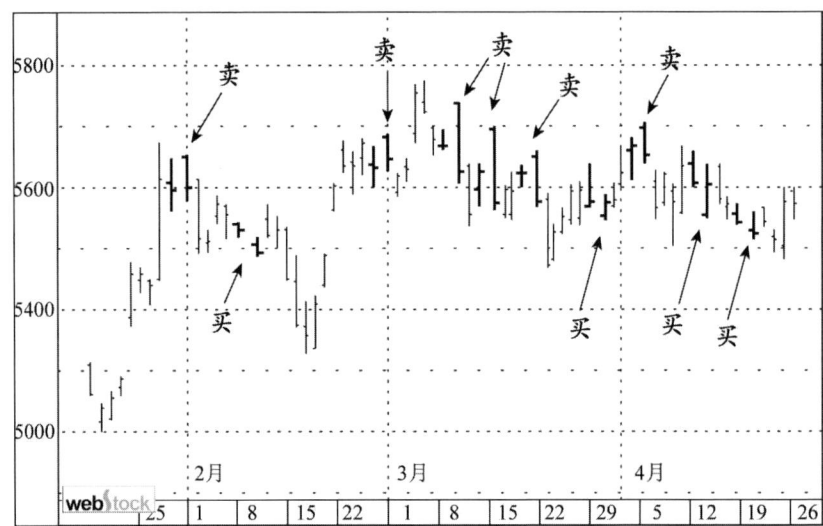

图6-11 开盘跳空缺口的实例,燃料油。

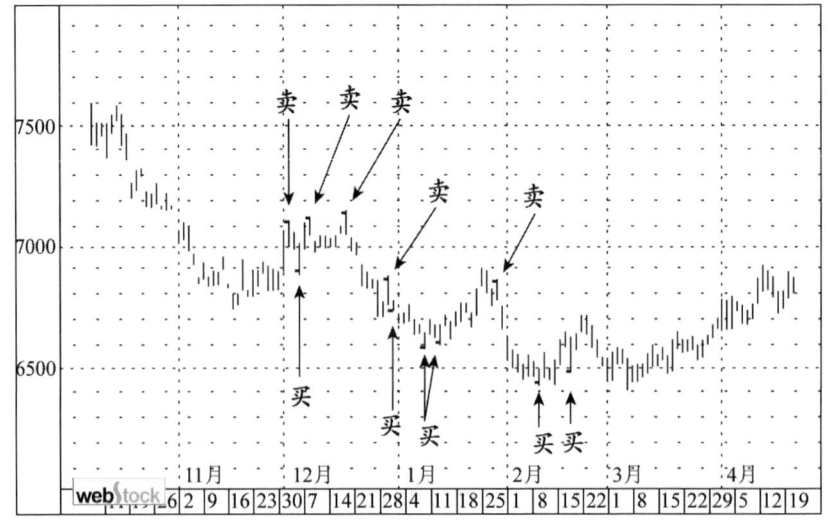

图6-12 开盘跳空缺口的实例,瑞士法郎。

按照以往的经验,突发性的重要新闻,或政府公布的统计数字,往往会造成开盘跳空缺口,且在当日形成大幅震荡的行情。此外,开盘缺口发生前的盘势,也是运用这项指标的重要考量因素。如果某项商品已历经一段时间的空头走势,又碰到利空袭击,开盘跳空而下,就是建立多头头寸的好时机。相反地,某项商品已走了一大段多头、又碰到利多消息,开盘跳空而上,也是空头获利的良好契机。

开盘跳空缺口操作法,如果能与当日心理指标 daily sentiment index (DSI)合并使用,效果更好。

磨练经验

开盘跳空缺口以及落后开盘跳空缺口的操作方法,既容易理解,运用起来也很方便,不过经验仍然很重要。运用这两种操作方法以前,务必仔细地,研究、分析拟交易的商品,起码也要细心地读它的图表,才能得心应手地操作。

许多读者想知道,开盘跳空缺口是否适于波段操作者运用。当日冲销者想明白这个问题,基本上已违反了自己操作的原则。当日冲销者所能考虑的只是今天,想以今天的盘势来考虑或预测明天的盘势,根本不恰当。

我们所讨论的开盘跳空缺口,与明日的行情以及日后的走势,完全无关。所以,当日冲销者切莫因今日运用开盘跳空缺口赚到一大段,就想留仓过夜。当日冲销所运用的原则是,只要市场一收盘就结束了,明天的交易是个全新的开始,完全与今天的头寸无关。

缺口的大小

有些开盘跳空缺口的距离很大,有些只有两、三档。根据我的观察,缺口愈大,指标的精确度愈高。至于价格穿越前一日高价或低价的档数,两档最好,一档则较容易失误。当然,每一种商品都有其价格的波动特性,读者可以自己研究出运用的细节。

踏实筑梦

有许多交易程序的设计人，宣称只要投资人使用他们设计的交易程序，就可稳赚不赔。事实上，没有任何一套操作方法可以一成不变地一直运用，而还能创造财富。当日冲销者不论是运用开盘跳空缺口或其他方法，都是师傅领进门，修行在个人，个人的技巧才是最重要的。平时一点一滴的尝试和努力，才是致富的泉源。

首先，你必须确认开盘跳空缺口操作法的威力，然后照章实施。不幸地，许多投资人总等到大势已明，才疾呼："当时我应该进场……"事实上，你操作的次数愈多，技术愈纯熟，获利的机会就愈大。

一旦你熟悉这项技巧，往往一个合约就能赚进数百美元。有了信心之后，一次建立数个头寸，按照我们先前所介绍的分成两部分操作，当可更灵活运用，创造更多财富。

下单技巧

有些投资人不喜欢使用导价买单或导价空单进场，更不喜欢使用他们来设置止损单，总认为市价单会买或卖到不好的价线。当然，以市价敲单偶尔会发生意想不到的成交价格，但是几率不大，尤其是成交量丰沛的商品。如果读者确实不喜欢用导价单，也可以用导限买单或导限空单，但是这种单子不保证能够一定成交。倘使行情如我们所预期，却因为使用导限单而无法建立头寸或止损，岂不可惜。

实例及训练

图6-13 开盘缺口很快被补上。(左侧是第一天K线，右侧是第二天K线，第二天开盘在图中间位置。)

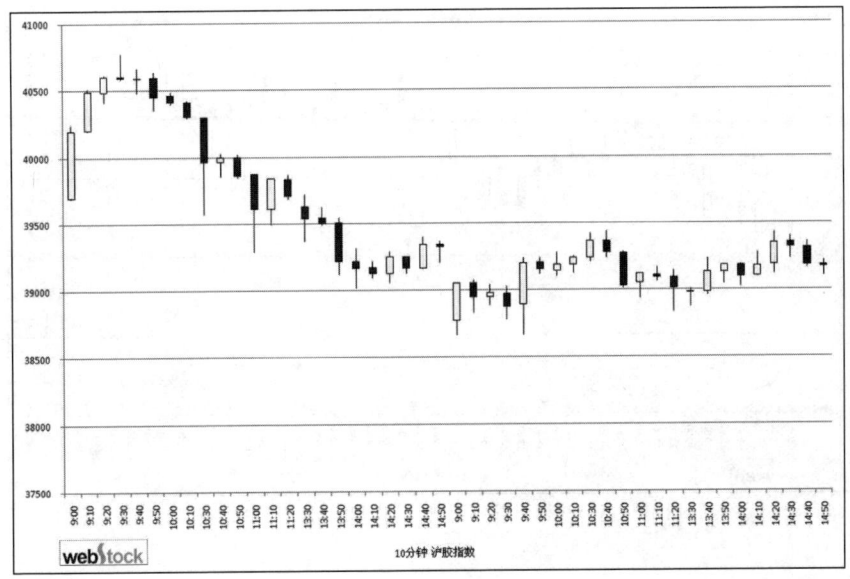

图6-14 开盘缺口很快被补上。

图 6—15 开盘缺口很快被补上。

图 6—16 开盘缺口很快被补上。

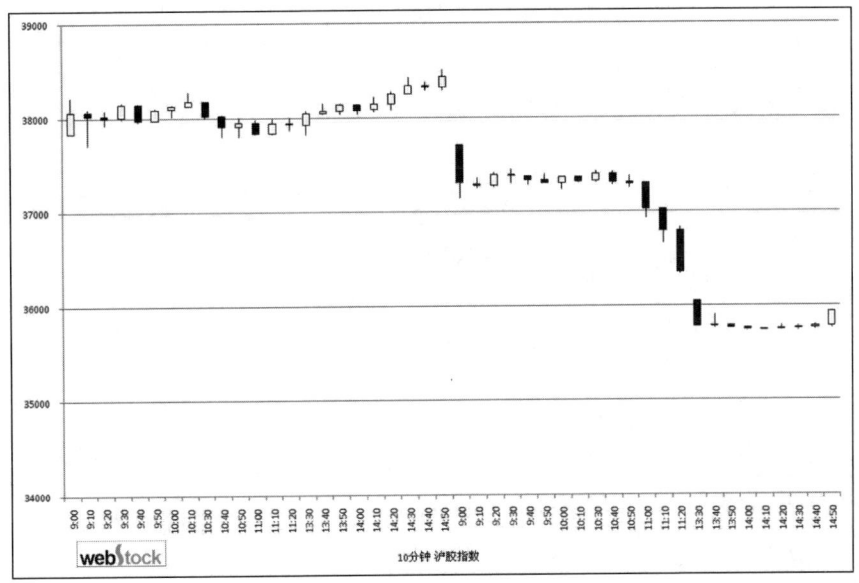

图6—17 这张图中,第二天早盘开盘比前一天最低价高,不是缺口,但第二天午盘是缺口,午盘缺口是上午行情的延续,所以午盘缺口可以视为是少了几根K线。

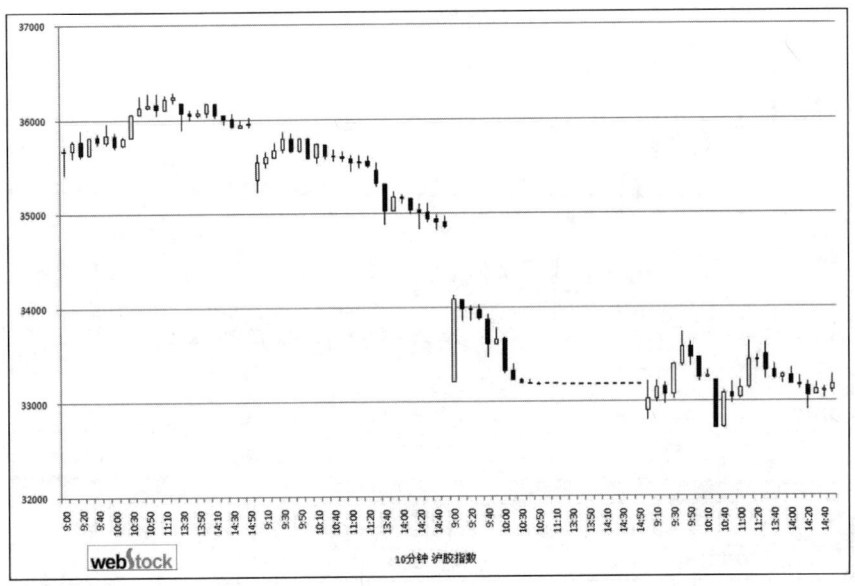

图6—18 连续三天出现开盘缺口,并且都快速补上了。

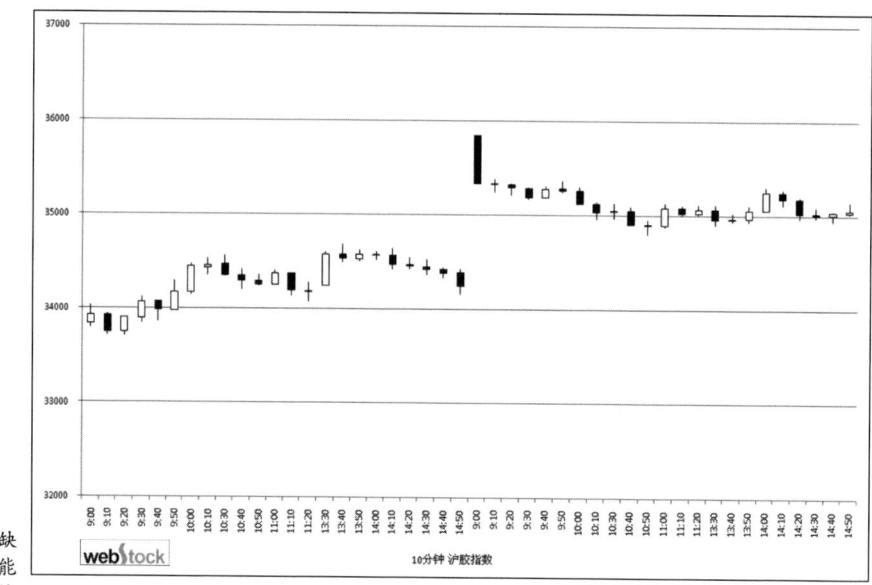

图6—19 缺口虽然没能补上,但有快速的回补动作。

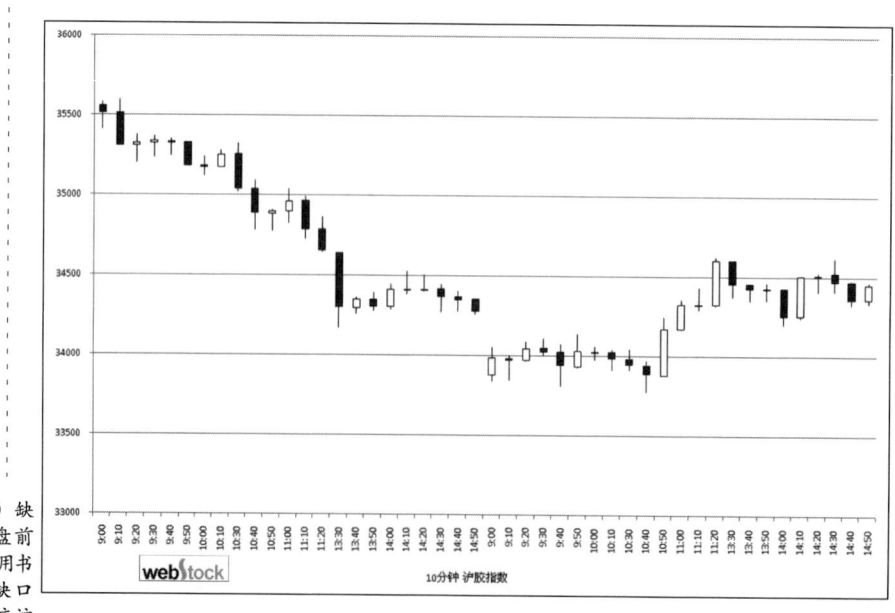

图6—20 缺口在午盘前补上。应用书中延迟缺口操作法,应该在10:50做多。

7 压力与支撑

在期货和股票市场里,存在最久、知名度最够、最被广泛运用的两个观念,就是压力与支撑。望文生义,压力指价格上升时,阻挡行情继续上涨的价位或价位区;支撑指价格下跌时,支持行情不再往下滑落的价位或价位区。在上升趋势中,投资人应在支撑价位进场做多;在下跌趋势中,投资人应在压力价位做空。

经过数十年的淬练,压力与支撑仍是股票与期货市场内的重要指标,只不过决定支撑与压力价位的方法各自不同而已。

数十年来,许多人用各种不同的方式,企图建立客观且可运用的方法,来决定压力与支撑的价位。这些方法包括趋势线、黄金分割率、江恩理论、斐波那契数列……等,准确度则各自不同。本章的目的,即在介绍一套较准确的方法。

首先我们得说明,当日冲销者使用的决定压力与支撑价位的方法,只限当日有效。因为当日冲销者的压力与支撑价位,必然非常接近市价,波段投资人使用这种方法,当会频繁进场或出场,就不成其波段操作了。

移动平均区间
The Moving Average Channel(MAC)

移动平均线的观念由理查德·唐奇安(Richard Donchian)所发明,我借用他的观念,发展出移动区间理论。简单地说,我们放弃原本取单位时段的最后价格为计算基础,而是以单位时段的最高价加总平均,成为高价平均线;单位时段的最低价加总平均,成为低价平均线。这两条平均线所构成的区域,即为移动平均区间。

基本上,压力即是之前的高价区,支撑即是之前的低价区。因此我们不用单位时段的最后价格,而分别取其最高价和最低价平均,以符合寻求压力与支撑的意义。图7—1即是5分钟移动平均区域图,图中显示下列的特性:

1.当行情走扬时,移动平均区间即是支撑区 换言之,当商品价格在区间的下半部时,显然在寻求支撑。

2.当行情滑落时,移动平均区间即是压力区 换言之,商品价格会在区间的上半部碰到阻力。

3.当K线图在区间之上时,表示强势盘

4.当K线图在区间之下时,表示弱势盘

图7—2和7—3,进一步说明移动平均区间作为压力和支撑的情形。

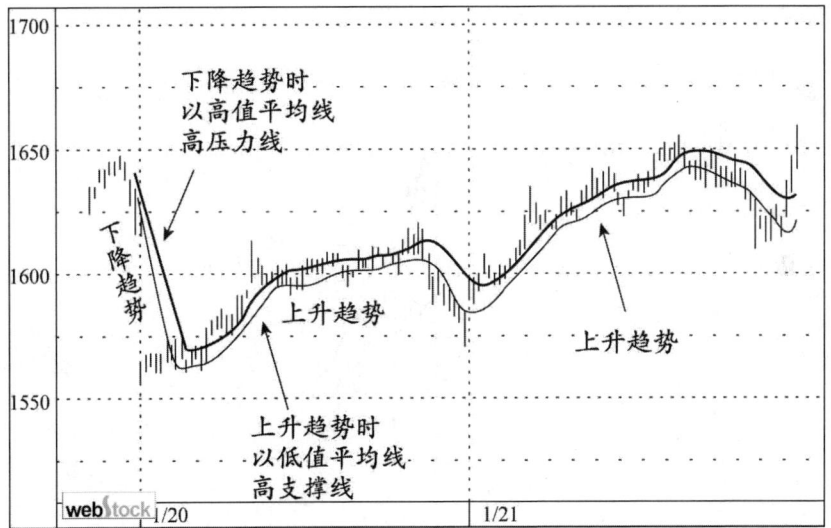

图 7—1 移动平均区间的特性

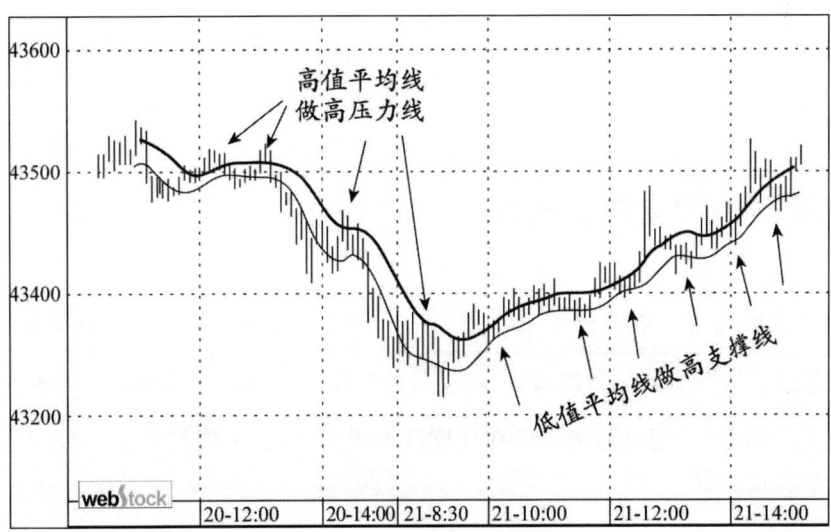

图 7—2 移动平均区间所显示的压力与支撑线，S&P500。

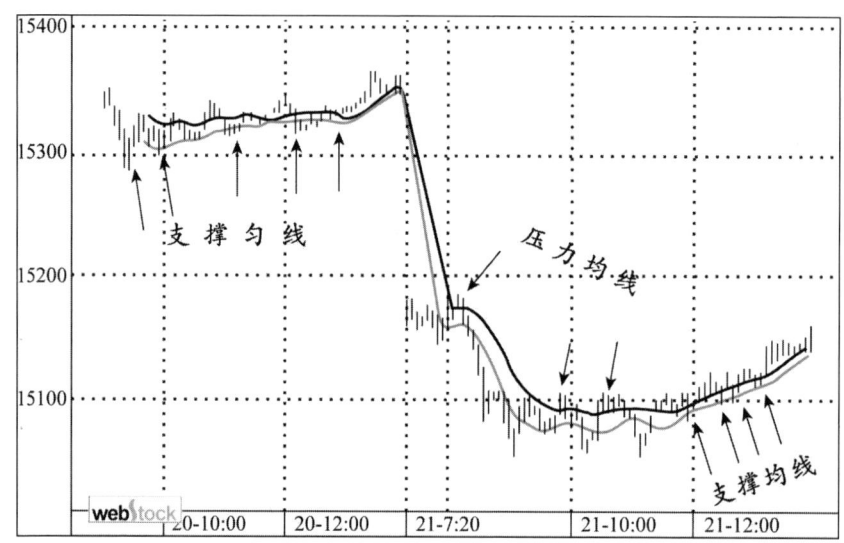

图 7-3 移动平均区间所显示的压力与支撑线,英镑。

当日压力和支撑的形成

图 7-4 显示数个上升和下降趋势,以及移动平均区间与价格和趋势的关系。从图中我们可以看到,商品价格时常穿越移动平均区间。基本上,在上升趋势中,当日冲销者应在支撑区寻找买点;在下降趋势中,应该在压力区寻找卖点。

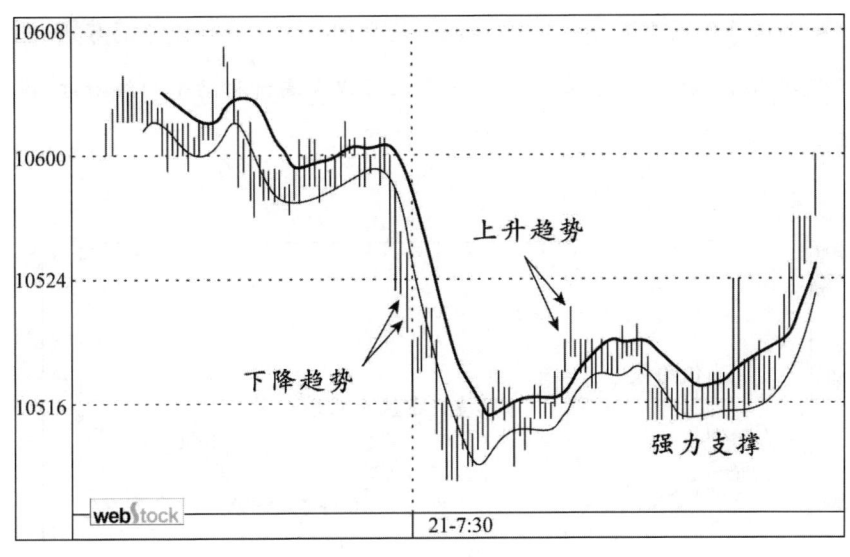

图7—4 压力与支撑随着多空走势发展。

进场的先决条件有两个：

1. 辨明趋势

2. 找出压力和支撑区

运用的方式如下：

● 运用5分钟K线图，如果有两支K线完全在移动平均区间之上，显然是强势盘。积极的投资人，可以在这种情况出现时进场做多，如图7—5所示。大部分的商品，适合以10分钟或20分钟的K线图来操作，至于波动较激烈的商品，像S&P 500或一些外汇期货，则可用3分钟K线图来操作。

● 进场做多的信号出现后，当日冲销者必须订定进场的价位，通常是低价平均线附近。当日冲销者可以在理想的价位设置限价买单，或是当理想价位出现时，以市价敲单。

如果你有一部即时报价系统，可在理想价位设定警讯，一旦行情到达预设价位，就可以进场下单。整个过程需要努力与经验的累积，一旦能纯熟运用，利润就掌握在你手中。

● 如果连续两支K线图都在移动平均区间之下，表示是个弱势盘，也就是进场做空的信号。当日冲销的投资人可以在高价移动平均线附近，设定卖空点，如图7-6所示。

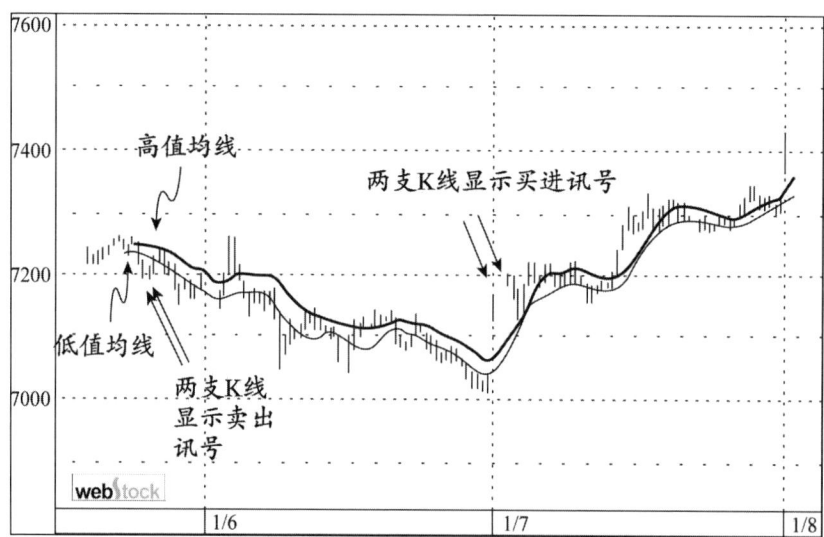

图7-5 显示移动平均区间逐渐收敛的情形，咖啡期货。

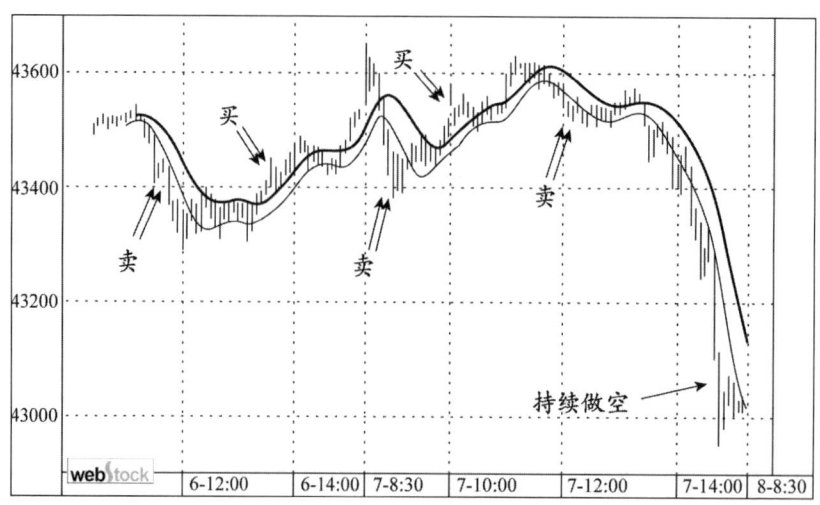

图7-6 运用移动平均区间所显示的买点和卖点，S&P 500指数期货。

掌握波段走势

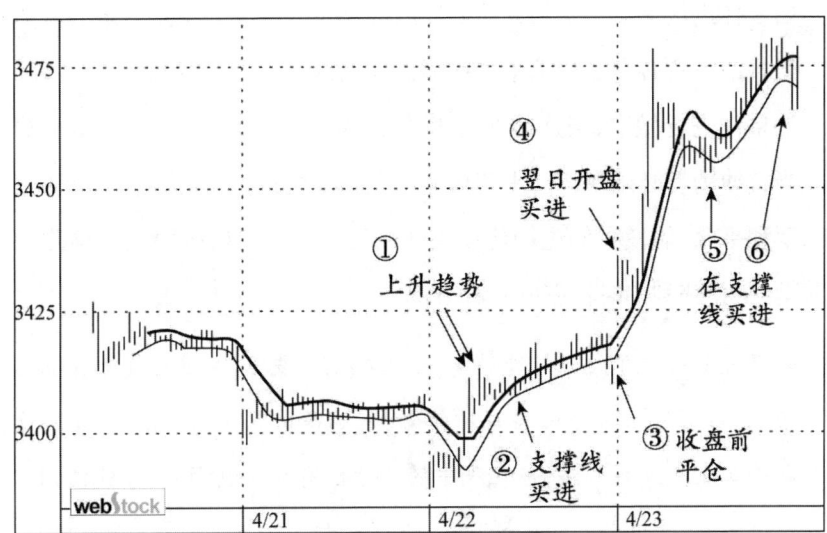

图 7—7 多头走势中，运用移动平均区间操作的实例。

通常，一般多头走势或空头走势会持续数日之久。因此，连续两支 K 线图完全在移动平均区间之上或之下的信号出现的时点，即使还在数日之前，仍须确认波段走势，且按波段走势来做当日冲销。

但是有一点必须谨记，如果一段多头或空头走势经历的时间愈长，愈有可能随时反转。如图 7-7 所示，当趋势反转的信号显现时，必须马上采取反向动作。

平仓的时机

我们很详细地介绍过进场的信号，但是交易必须平仓才能算完成，以下我们将介绍平仓的时机。

止损法 设置止损的方法很简单,一是按照技术分析的原则,一是根据自己所能够承受的损失金额。

如果你进场做多,当连续两支K线在移动平均区间之下,显示盘势转弱。当日冲销者必须在移动平均区间的压力线附近,止损出场。

如果你进场做空,当连续两支K总在移动平均区间之上,显示盘势转强。当日冲销者必须在移动平均区间的支撑线附近,止损出场。

获利平仓 倘使我们进场建立头寸以后,商品价格按照我们预测的方向移动,平仓获利的时机有好几种方法:

- 握有多头头寸的当日冲销者,应选择前三支K线图的最低价位为获利平仓点;握有空头头寸的当日冲销者,应选择前三支K线图的最高价位为获利平仓点。这种方法,应在手中的头寸已有相当利润时,才能使用。
- 运用K、D值交叉的出场信号,设置获利平仓点。
- 建立头寸以后,如果商品价格按照预测的方向形成喷出行情,应该订定一个目标性的获利平仓点。
- 如果以上三种方法,在收盘前都无法使头寸平仓,仍应在收盘时,以市价平仓出场。
- 不妨在进场时,多做几手单子,将手中的头寸按不同的方式获利平仓。使用这种方式虽然风险增高,但获利的机会也增加了。

移动平均区间内进出法

运用形成移动平均区间的高低平均线来运用,也是一种很简单的操作法。当商品价格在上升趋势中,当日冲销者可以在低价平均线附近寻找买点,并在高价平均线附近或其上方获利平仓。如果商品价格在下降趋势中,当日冲销者可以在高价平均线附近进场做空,并在低价平均线附近或其下方获利出场。进场做多的当日冲销者,应在低价平均线的下几档设置止损;进场做空的当日冲销者,应在高价平均线的上几档设置止损。

当上升趋势或下降趋势的波段有相当幅度,这种操作法,显然会限制当日冲销者的利润。因此在行情盘整时使用这个方法,进出频繁,积小胜为大胜,才是这种操作法施展功力的时机。

适性而为

我所介绍的移动平均区间法只是一种操作策略,并不是机械式的操作程序,运用之妙,必须适合投资人的交易习性。实际运用时,个人的看盘本领和决断能力当是致胜的关键。

因此,当日冲销者必须先考量自己的操作习性,是否适于使用移动平均区间操作法。通常,喜欢在一天当中进出多次的当日冲销者,比较可能运用这种方法来获利。

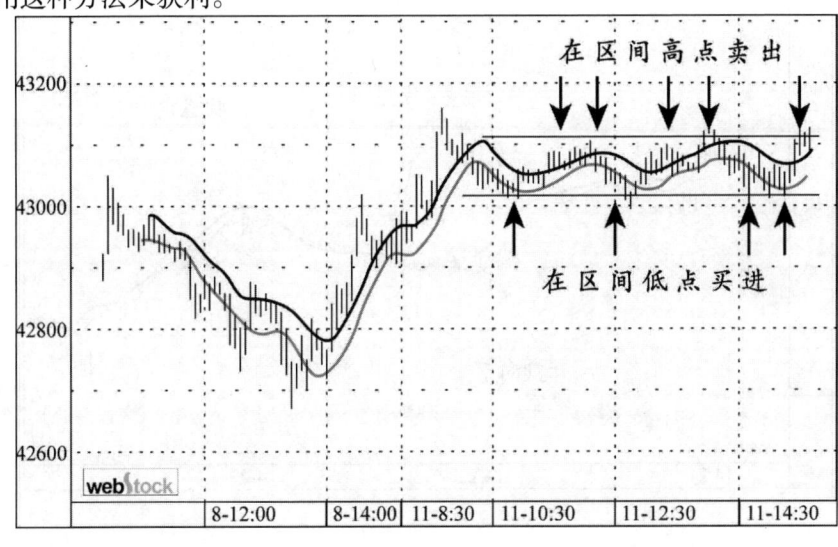

图 7-8 商品价格横向盘整时,运用移动平均区间操作的实例。

移动平均区间操作法就仿佛是高尔夫球教学录影带,倘使你不实际挥杆,就永远学不会,而且师父领进门,修行在个人,操作的功夫完全系于个人。倘使你醉心于当日冲销,并且习惯每天频繁地进出,移动平均区间操作法当可满足你的需求。刚开始操作时的不顺或失手在所难免,只要持之以恒,渐窥其奥,当可带来丰富的利润。

配合其他的指标操作

移动平均区间操作法与开盘跳空缺口操作法合并使用,效果非常好。

譬如当 S&P 500 指数期货在开盘时形成向下跳空缺口的买进信号,且按照先前我们介绍的进场原则,选在 399.50 的价位进场。根据经验,当行情冲抵此点时,会马上向 400 的价位移动,然后再折回 399.60 或更低。通常 399.60 就是移动平均区间的低价区。图 7－9,7－10,7－11 就是这两种技术分析方法合并使用的示意。

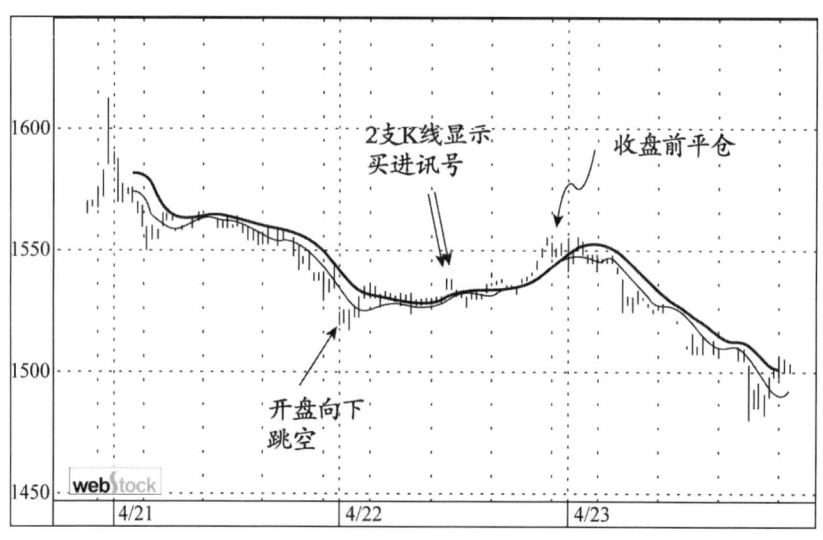

图 7－9 运用开盘向下跳空缺口与移动平均区间配合操作的实例。

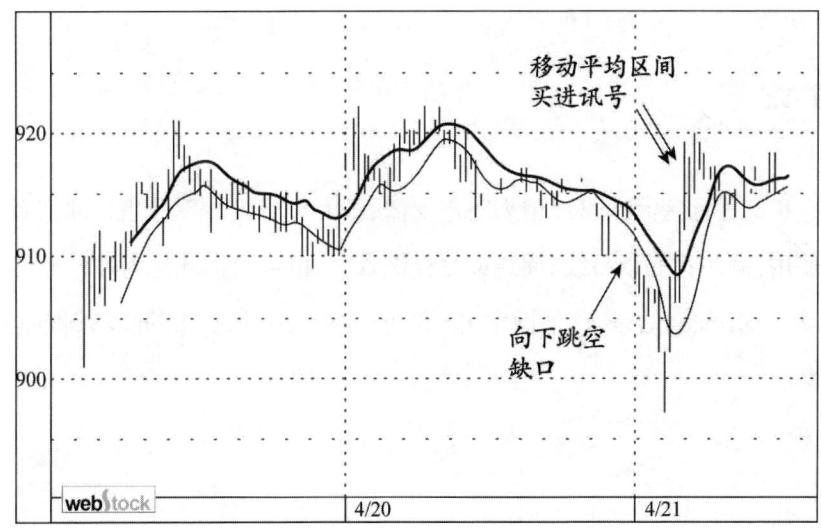

图7—10 运用移动平均区间与开盘跳空缺口配合操作的实例,可可。

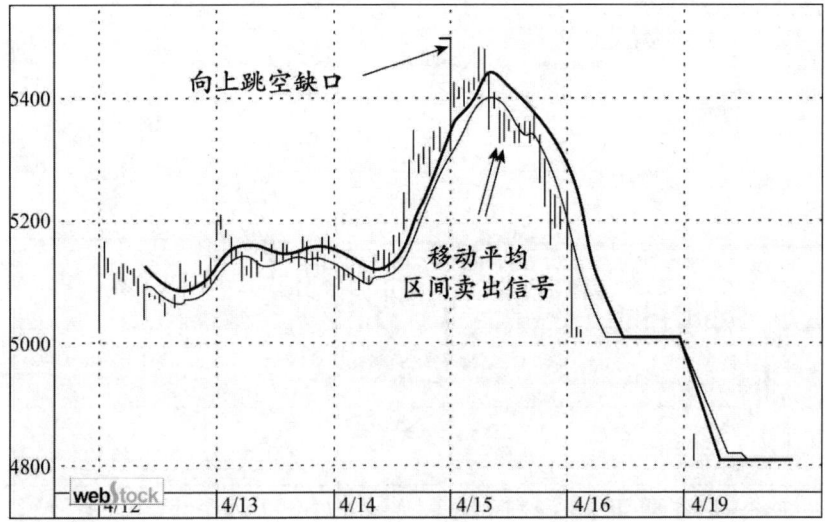

图7—11 运用开盘跳空缺口与移动平均区间配合操作的实例,猪腩。

结 论

移动平均区间法可以用来决定支撑、压力与趋势。不仅当日冲销者可以使用,倘使我们以日线、周线或月线做资料,也可以据此作为波段操作的工具。必须注意的是,这种操作法不能非机械使用,投资人的临场判断也很重要。

实例及训练

图7-12 读者自行标出双K线开仓位置。

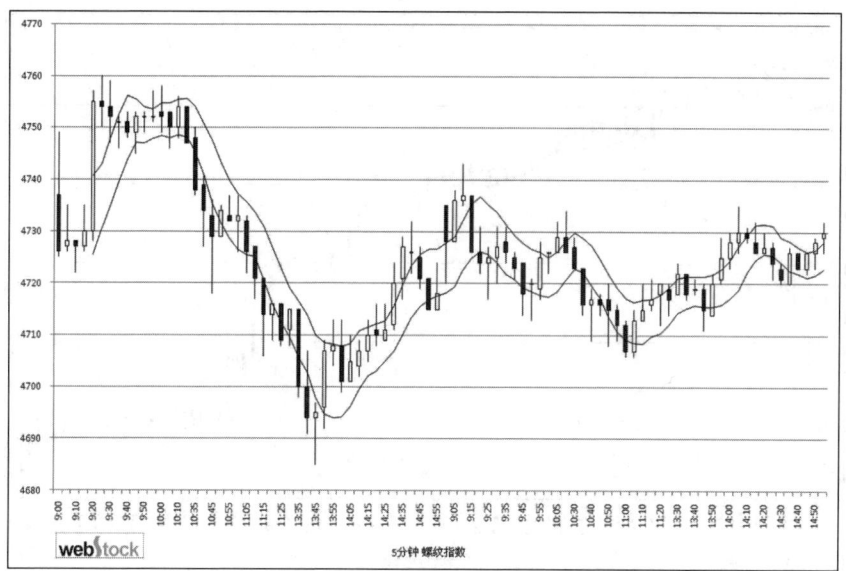

图7—13 虽然没有出现双K线进场信号。仍可在下降趋势中用高值均线作压力,在上升趋势中用低值均线做支撑。

图7—14 价格快速波动时,容易出现双K线。双K线只是开仓手法,还需要配合合适的平仓手法,比如跟踪止损。

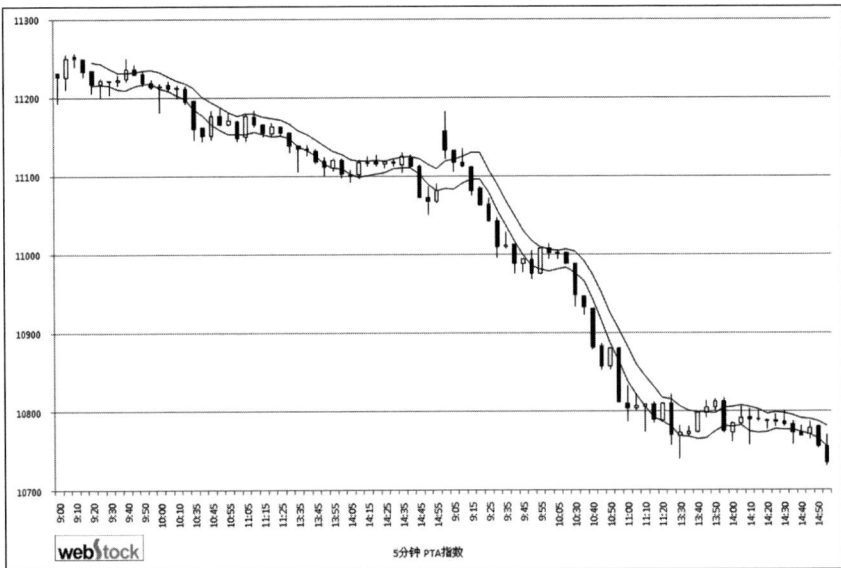

图7-15 第二天开盘后的第二根K线差一点跳出高值均线。开盘价格容易跳跃成双K线,但不能马上操作。

图7-16 跳出高低值均线区间的双K线体现了价格变化的动能,可以观望一下,确认动能充足再进场。

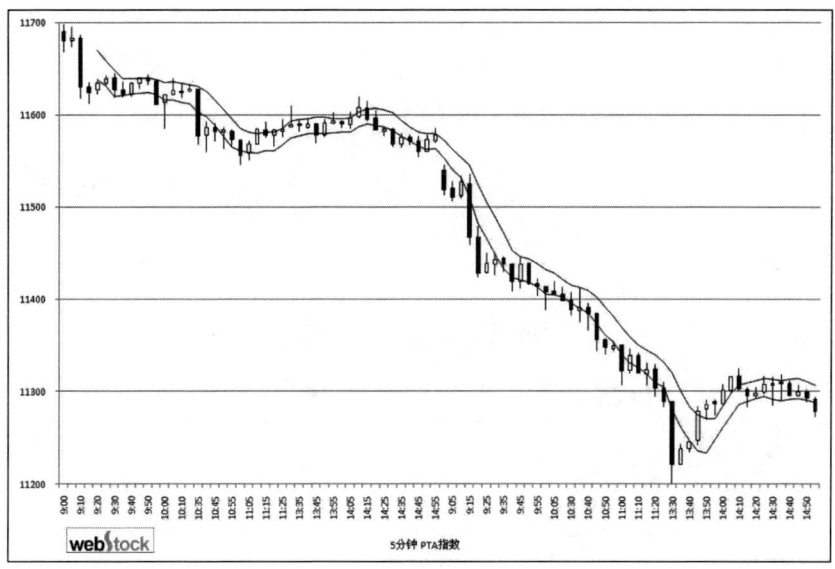

图7-17 因为开盘容易跳跃成双K线,所以第二天开盘的双K线应该暂时观望。第二次出现双K线,可以马上操作。

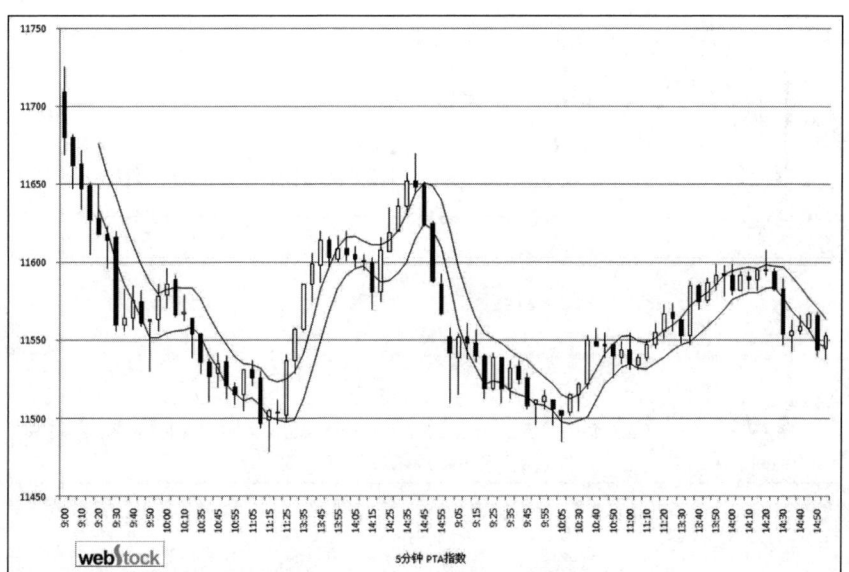

图7-18 双K线建仓之后,应该在收盘前密切注意价格动向,平仓要及时。

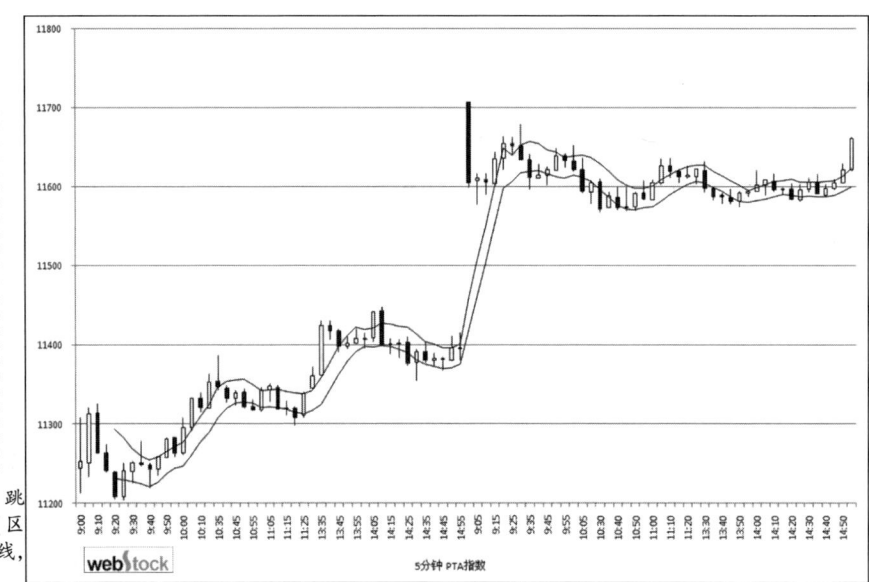

图 7-19 跳开形成了区间外的K线，不能操作。

图 7-20 早盘的第一支K线踩回高低值均线区间，那么接下来的双K线就不是跳跃而成的。

图 7—21 开盘虽然没有跳开,但是瞬间行情也容易造成假双 K 线,这张图中如果第三根 K 线代表的价格动作如果慢一点,就会形成假的双 K 线进场信号。

8 相对强弱指标

相对强弱指标 Relative Strength Index (RSI)是由维尔斯·维尔德(Welles Wilder)所研究发展出来的技术分析方法。RSI 的运用方式有很多种,其中有几种对当日冲销者助益良多。

RSI 是一种以价格为计算基础的指标,不但可以显示超买或超卖状况,也可以做为进场和出场指标。其中最重要的,是 RSI 移动平均线的应用,准确度非常高,适合当日冲销者作为指标使用。

RSI 与 K、D 值在许多方面非常类似,当 RSI 处于相对高值,并由高处反转而下时,显示卖出信号。当 RSI 处于相对低数值,并由低处翻升而上时,显示买进信号。

解释和判读 RSI 的方法很多,我不敢说我使用的方法是独一无二的,但是我研究出来的 RSI 平均线确是别无分店的判盘方法。图 8-1 即显示原始 RSI 的运用方法。

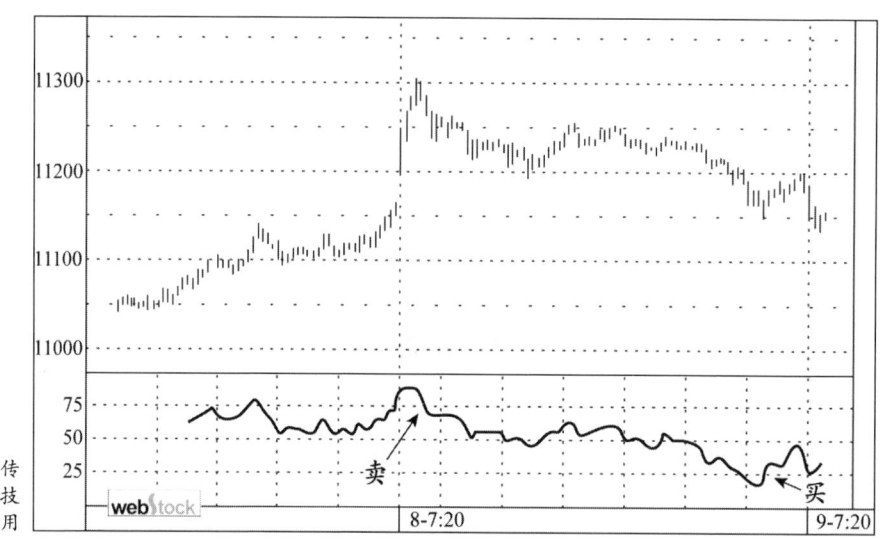

图 8-1 传统的 RSI 技术指标运用方法。

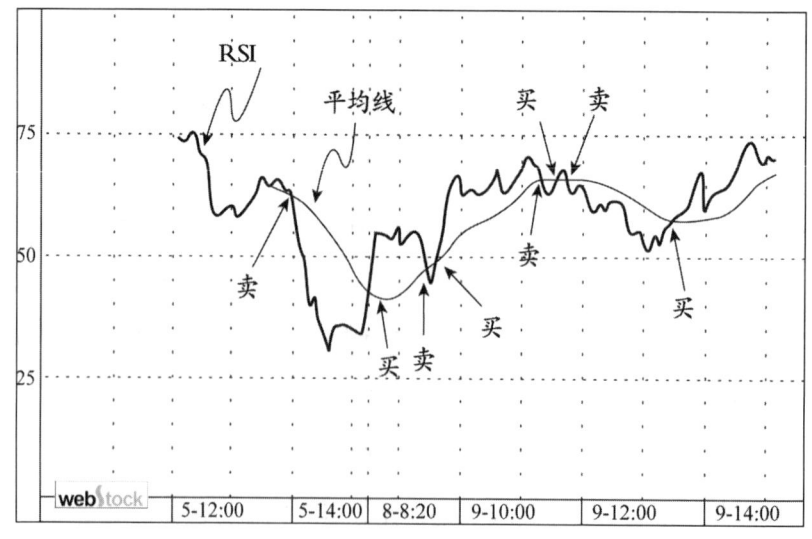

图 8-2 RSI 与 RSI 移动平均线相互交叉所显示的买点和卖点。

RSI 移动平均线

将某项商品的 RSI 值逐一加总平均,即可算出 RSI 移动平均值,将移动平均值连成线状,即成为移动平均线。根据我的经验,我们将各项指标如 K、D 值,RSI 值计算出移动平均值再加以综合运用,当会发现效果非常好。读者自己也可以试着将平常使用的指标数值以同样的方式运用,当会有所收获。

图 8—3 即显示 14 日 RSI 与价格的相对关系。图 8—4 则显示 RSI 移动平均线与 RSI 及价格间的相对关系。从图中我们可以清楚地看出来,RSI 移动平均线的波动较平缓,较适合投资人运用。图 8—5 及 8—6 分别显示 9 天期与 21 天期的 RSI 移动平均线与价格的相对关系。读者可以两相比较,挑选适合自己的进场指标。

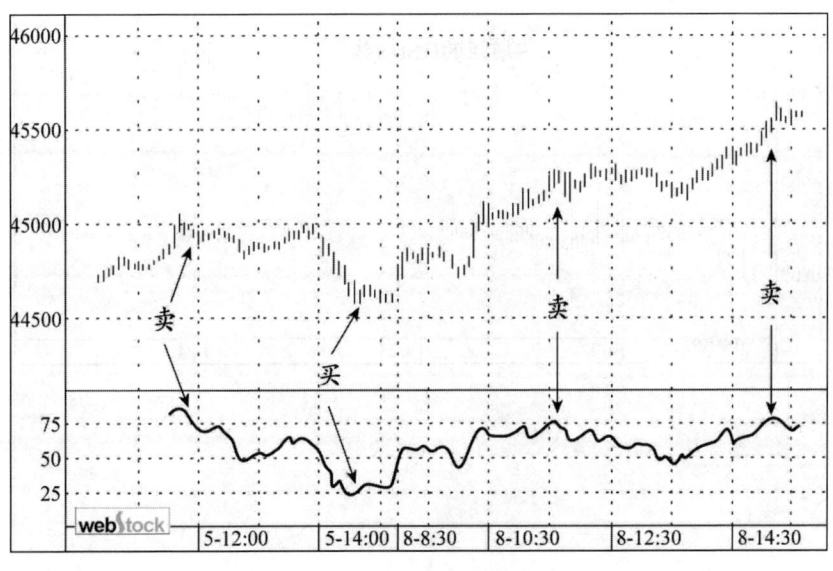

图 8—3 14 日 RSI 与价格的相互关系。

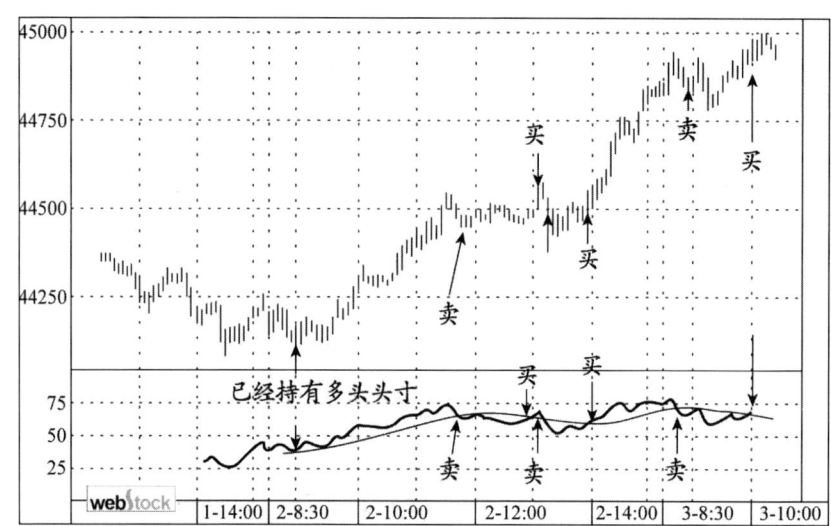

图8—4 14日RSRSI移动平均线与商品价格的相互关系。

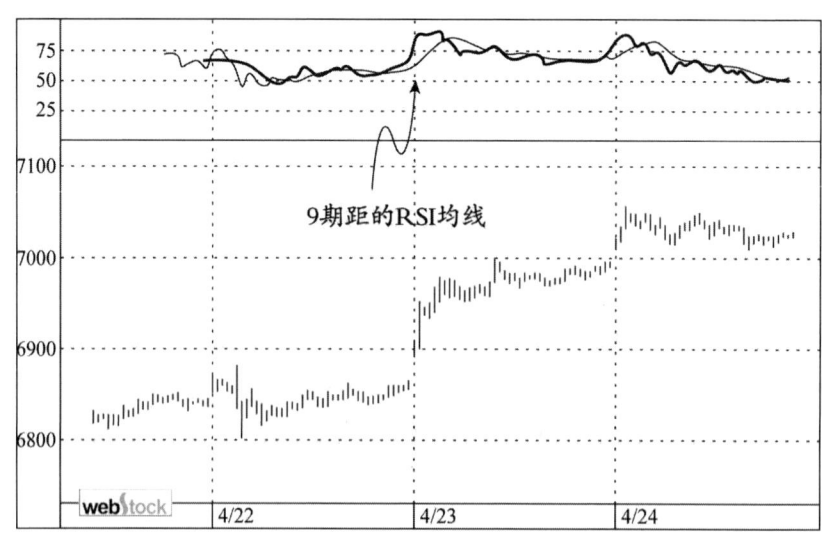

图8—5 9期间的RSI移动平均线与商品价格的相对关系。

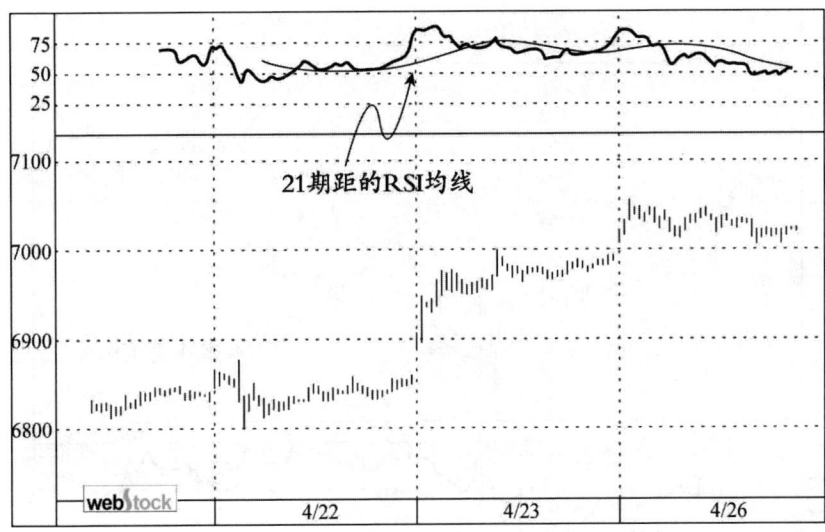

图 8－6 21 期间的 RSI 移动平均线与商品价格的关系。

RSI 的运用

1. 运用 RSI 当作超买或超卖的指标,必须先选择高低界的数值。譬如,你选择 25 为低值,75 为高值,操作程序如下:

a) RSI 跌落至 25 以下,而后往上攀升至穿越 25,就是买进时机。同时,应在此波的最低点设置止损单,或是根据自己可以忍受的额度,设置止损单。

b) 当 RSI 在 75 以上往下穿越 75,就是进场做空时机,并在此波的高点设置止损,或依自己可以忍受的额度,设置止损。

读者可以依据商品的种类和 RSI 的基期,自己选择高低值。

c) 图 8－7 即使用 9 期距的 30 分钟 S&P 500 RSI,操作 S&P 500 指数期货。从图中读者可以发现,12 月 9 日起 RSI 即显示多头走势,当日冲销者可以每天开盘时进场做多,而后任选高点或在收盘时出场,每天都能有获利。

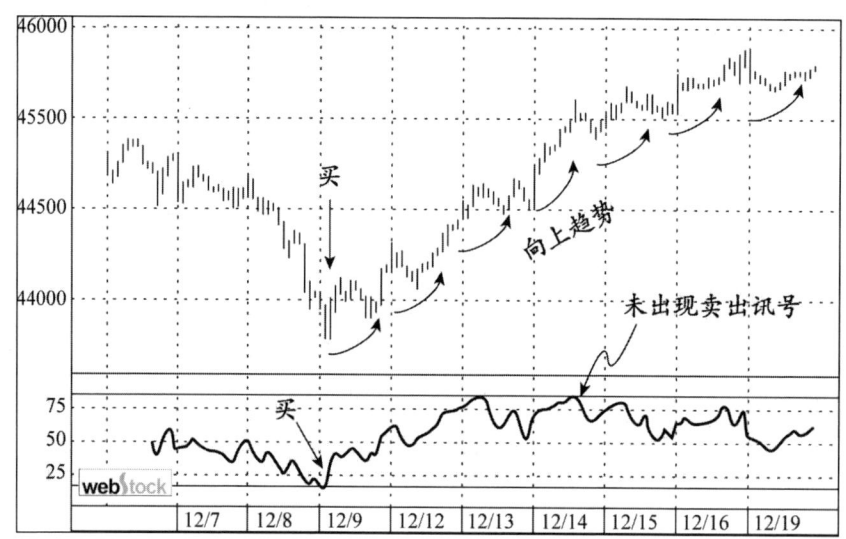

图8—7 运用9期间,30分钟RSI移动平均线操作的实例。S&P 500。

2. 运用RSI移动平均线的操作方法也很简单：

a) 当RSI自上往下穿越RSI移动平均线时,即是进场做空的时机,并在RSI再往上窜升至RSI移动平均线时止损,也可以根据自己可以忍受的程度先设置止损单。

b) 当RSI自下往上穿越RSI移动平均线时,即是进场做多的时机,并在RSI跌落至RSI移动平均线时,止损出场。

运用RSI作为指标,必须注意到进场时机与选用时隔的配合。如果你选用5分钟RSI,必须每5分钟最后一刻的价格显现时,计算出新的RSI数值,再采取动作。

建议

结束本章以前,我有一点正在研究中的新操作方法,愿意和读者们分享。倘使我们将一项商品的 RSI 数值当成资料,计算出 14 期距的 K、D 值,当会发现精确度很高。图 8-8 即显示这种指标的操作方式,显然错误的几率大为减少,却又不失操作的积极性。

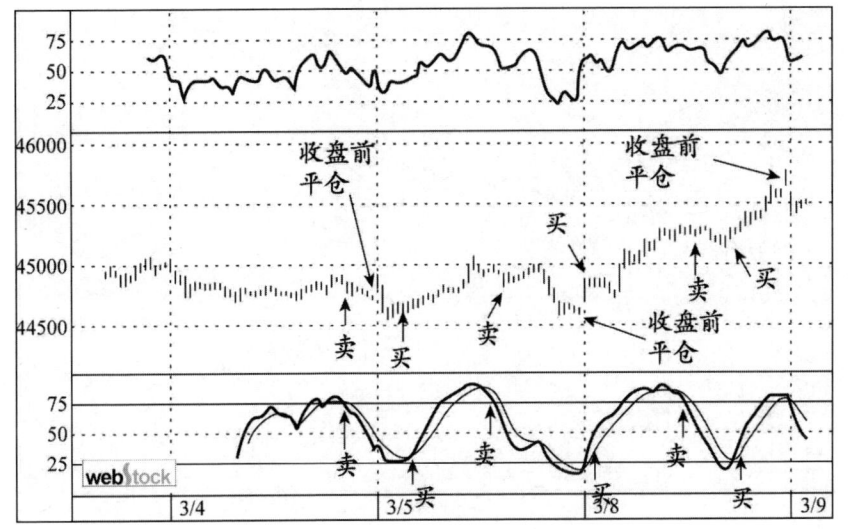

图 8-8 RSI 的 K、D 值相互交叉所显示的进场和出场信号。

9 动能指标

许多期货交易人对动能指标 Momentum 都只闻其名,不知其详。不晓得动能指标计算的方式,以及运用的方法。

其实,动能指标的计算非常简单:日动能指标,就是将今天的收盘价减去昨天的收盘价。譬如某项商品昨天的收盘价是 53 元,今天的收盘价是 52 元,日动能就是 -1;某项商品昨天的收盘价是 52 元,今天的收盘价是 53 元,日动能就是 $+1$。

依此类推,二日动能就是将今日的收盘价减去前二日的收盘价,三日动能就是将今日的收盘价减去前三日的收盘价。

动能指标是趋势强度的参考。当动能迅速往下滑落时,表示商品价格急速下跌的趋势。当动能指标迅速往上窜升时,表示商品价格急速上涨的趋势。

动能指标的运用原则很简单,不过我们得先强调一点,这只是交易技巧,而非一成不变的操作公式。运用这项技巧,必须要用心观察,累积相当经验,才能放手一搏。

图 9－1 即 21 日动能指标线图。我们可以清楚地看到,动能指标线沿

着线来回振荡。当动能线由负转正,表示多头趋势形成;当动能线由正转负,表示空头趋势形成。

动能指标与其他的指标有相同的缺点,容易出现骗线,尤其是在零值线附近来回拉锯时,更使投资人无所适从。解决这项缺憾的方法很简单,我们只须将动能指标与动能移动平均线合并使用,准确度就提高了。

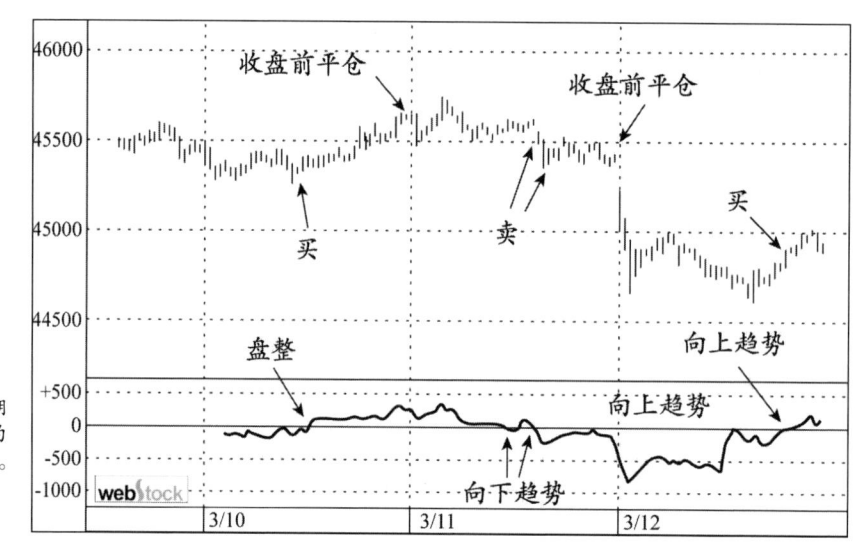

图9-1 21期间,10分钟的动能指标图。S&P500

图9-2即显示使用18日动能移动平均线图,与原来的21日动能指标合并使用。读者们可以看得出来,当动能指标由下而上穿越动能移动平均线时,即是进场做多的时机;当动能指标由上而下穿越动能移动平均线时,即是进场做空的时机。

此外,我们也可以以动能指标导出动能指标RSI,动能指标K、D值,与动能指标合并运用效果也不错。图9-3到9-7即这些应用的图例。当然,这些合并运用的方式或许尚不够周严,但是若深入研究分析,假以时日,或许可以形成自成一格的操作系统。

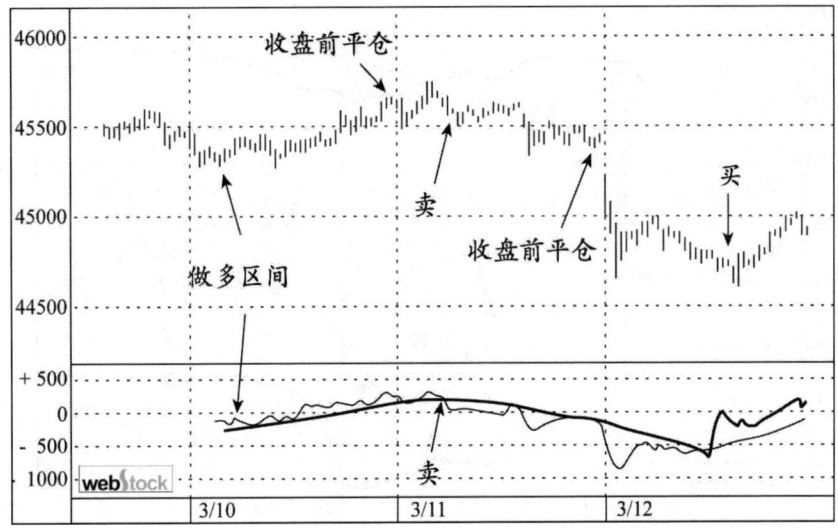

图 9－2 21 期间与 18 期间的动能移动平均线相互交叉的图例。S&P 500。

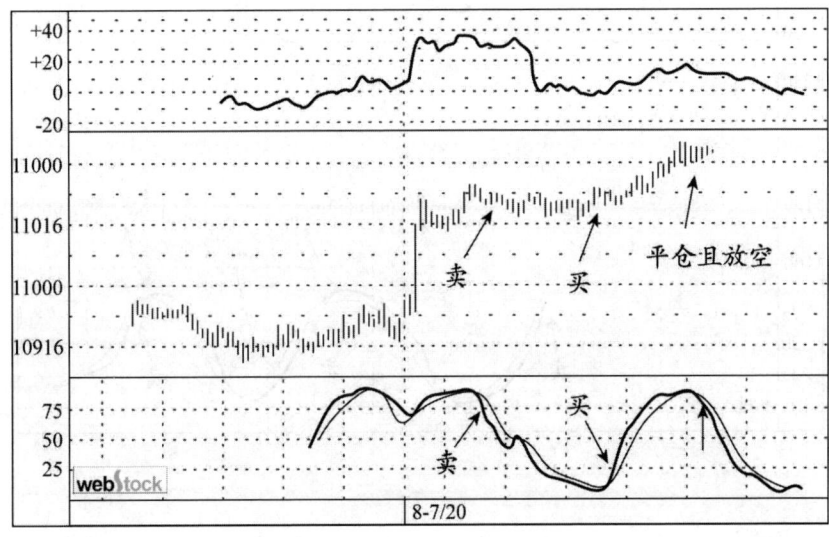

图 9－3 动能的 K、D 值操作方法。公债利率期货。

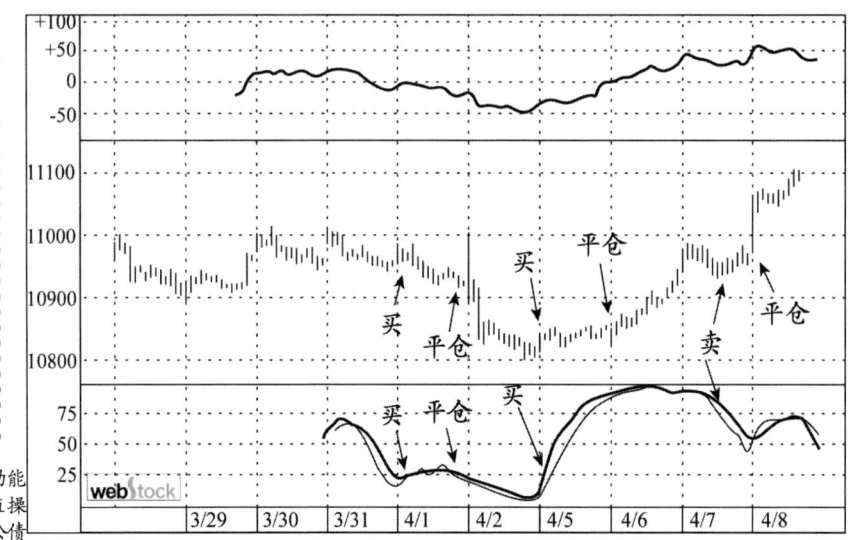

图 9-4 动能的 K、D 值操作方法。公债利率期货。

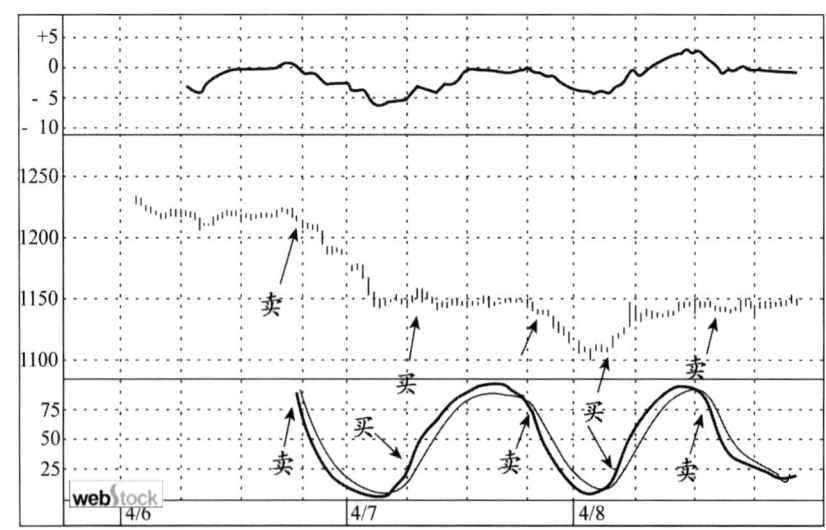

图 9-5 动能的 K、D 值操作方法。糖期货。

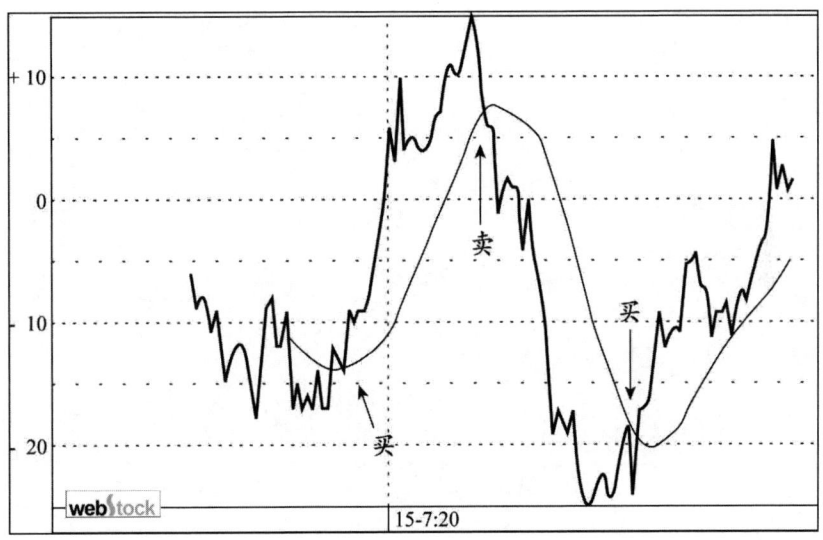

图9—6 运用指标的移动平均线操作的理想模式。

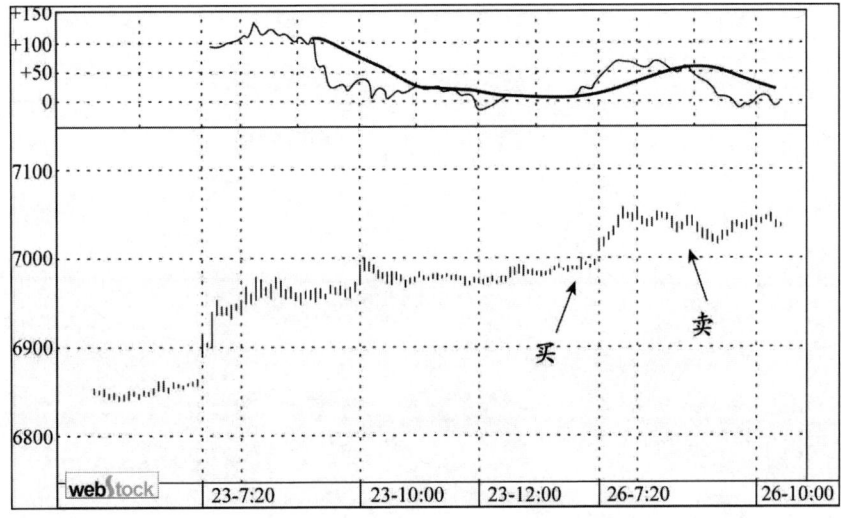

图9—7 运用动能指标的移动平均线操作的实例,瑞士法郎。

10 速率指标

动能指标以减法计算得出，速率指标 Rate of Change 则是以除法计算得出。假设某项商品昨日的收盘价是 4 元,今日的收盘价是 2 元,一日的速率指标即是 2 减去 4 再除以 4 为负 50%。如果某项商品昨日的收盘价是 7 元,今日的收盘价是 2 元,速率指标即是 7 减去 2 再除以 2 为 250%。倘使把采样时隔拉长,5 日速率指标即将今日收盘价减去 5 日前收盘价,除以 5 日前收盘价,就可计算出来。图 10-1 即是 21 日速率指标与 K 线的对照图。

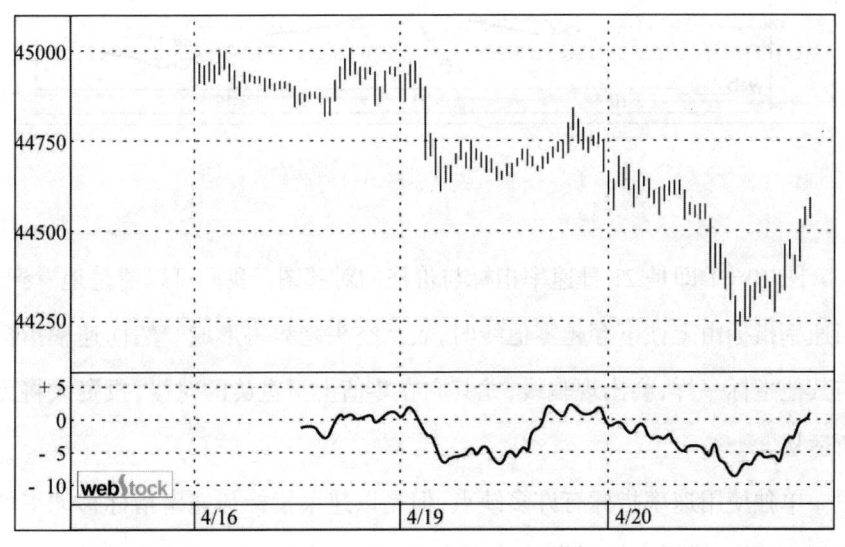

图 10-1 21 期间的速率指标线。S&P 500。

速率指标可以说是一种领先指标,能预先显示价格趋势的走向。但是速率指标只能指出方向,却无法预测趋势的幅度有多大。速率指标与动能指标一样,也适合于波段投资人。

计算速率指标的选样数值,随着基期而不同。一日速率指标,以今日与昨日价差除以昨日的价格;二日速率指标,则以今日与两天前的价差除以两天前得价格;三日速率指标,则以今日与三天前的价差除以三天前的价格,以此类推。当速率指标快速往上移动时,表示商品价格将迅速往上攀升;速率指标快速往下移动时,表示商品价格将迅速滑落。

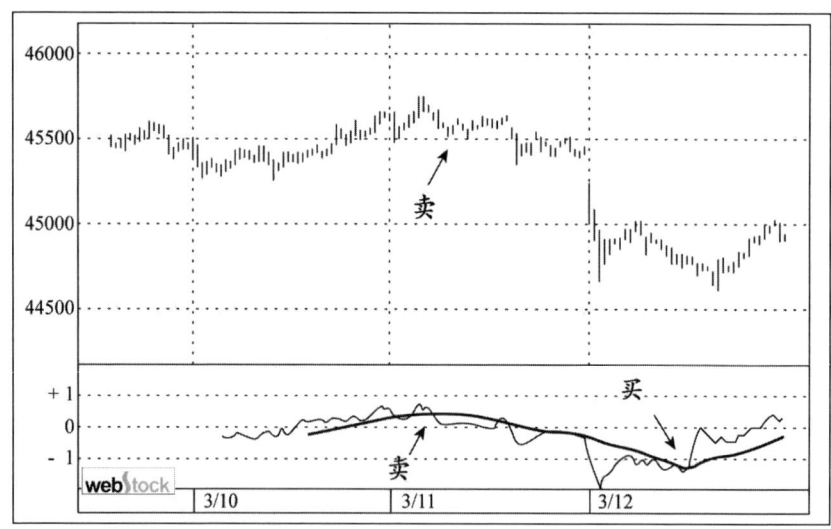

图10-2 21期间与18期间的移动平均速率指标相互交叉,所显示的进场与出场信号,S&P500。

图10-1即是21日速率指标与价格的对照图。我们可以清楚地看到,当速率指标由上往下穿越零值线时,表示空头趋势将形成。然而速率指标与其他指标一样,会出现骗线,尤其它在零值上下盘旋的时候,投资人将无所适从。

单独使用速率指标有许多缺点,但是以速率指标与速率指标移动平均线配合使用,错误率就可降低了。图10-2显示21日速率指标移动平均线与速率指标间的关系。当速率指标由下而上穿越移动平均线时,应该进场做多;当速率指标由上而下穿越移动平均线时,应该进场做空。

此外,速率指标与速率指标 RSI,速率指标 K、D 值,速率指标动能,配合使用,也会产生相当良好的效果。但是这些配合方式都还在试验的阶段,图 10－3 至图 10－7 即显示这些配合方式与商品价格的相关性。有兴趣的读者,不妨潜心研究,或许能开创出一套高效率的操作方法。

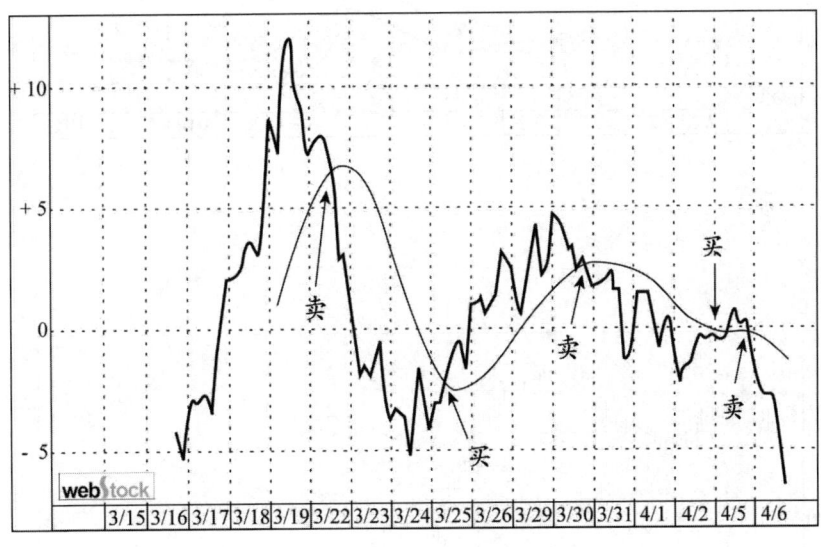

图 10－3 运用移动速率指标与速率指标操作的理想模式。

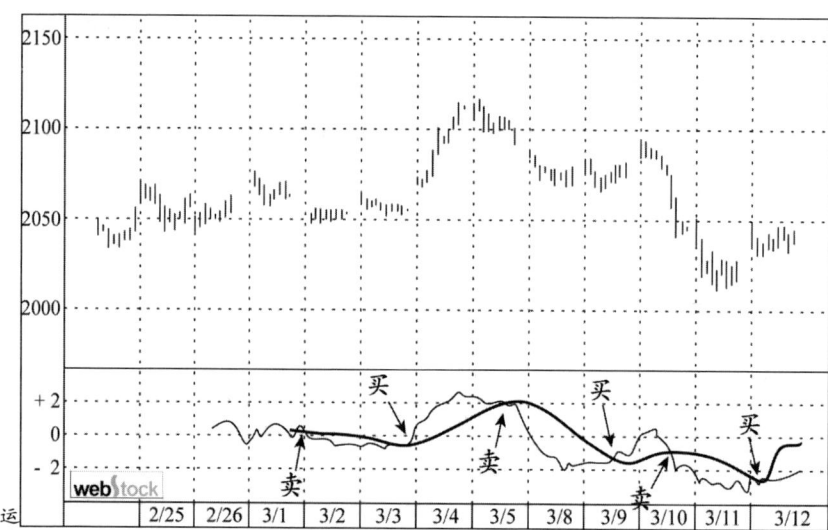

图10—4 运用移动速率指标与速率指标操作的实例,原油期货。

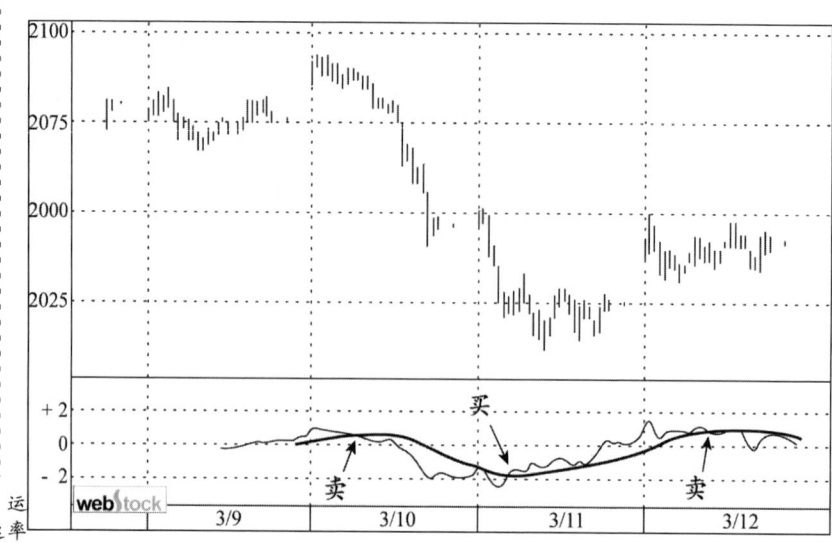

图10—5 运用移动速率指标操作的实例,原油期货。

103/ 速率指标 | *10*

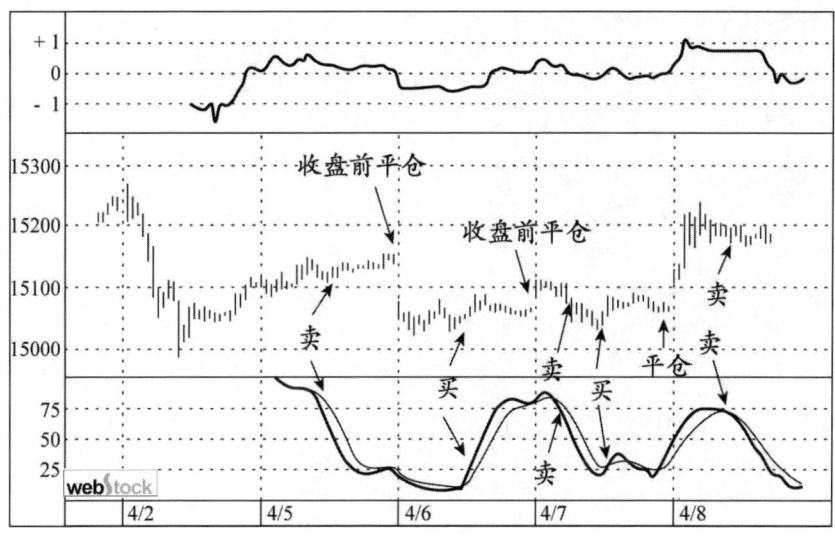

图 10—6 运用速率指标 K、D 值所显示的进场和出场信号，英镑期货。

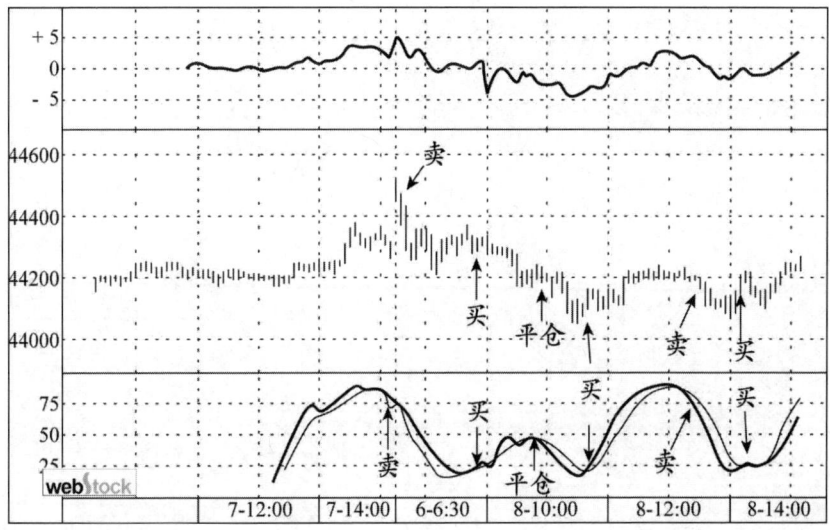

图 10—7 运用速率指标 K、D 值所显示的进场和出场信号，S&P 500 指数期货。

11 　箱形区间

如果我们将某项商品价格的压力线与支撑线所形成的区域,视为一个箱形区间,当价格穿越这个区间时,即视为进场做多或做空的信号,也是一种非常有效的短线操作方法。当商品价格由下而上穿越压力线,也就是箱形的顶部,表示将有一波多头走势,可以马上进场做多。当商品价格由上往下穿越支撑线,也就是箱形的底部,表示将有一波空头走势,可以进场做空。

读者们可以回想,以往是否曾经发生过多次,当商品价格穿越箱形顶部后,即一路往上攀升;当商品价格穿越箱形底部后,即一路往下滑落。因此,这种箱形突破理论,很适合当日冲销者使用。

图11-1及11-2分别显示商品价格由下往上突破箱形区间,以及由上往下突破箱形区间的情形。当日冲销者运用这项指标,可以说是顺势而为的操作方式,在强势盘时做多,在弱势盘时做空。但是这种操作方式也有风险,商品价格往往会形成假突破,穿越箱顶之后又回跌至箱形区间,或穿越箱底之后又回升至箱形区间,使投资人空到低点、买到高点。

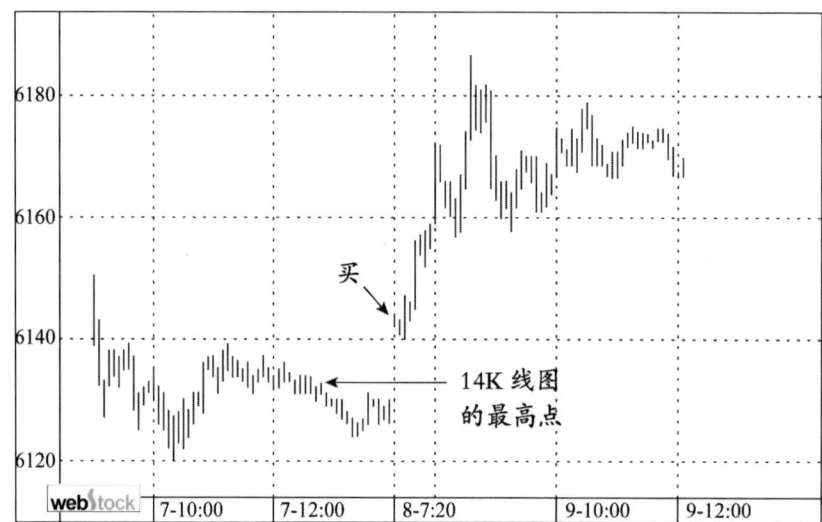

图 11—1 向上突破箱形区间的图例。

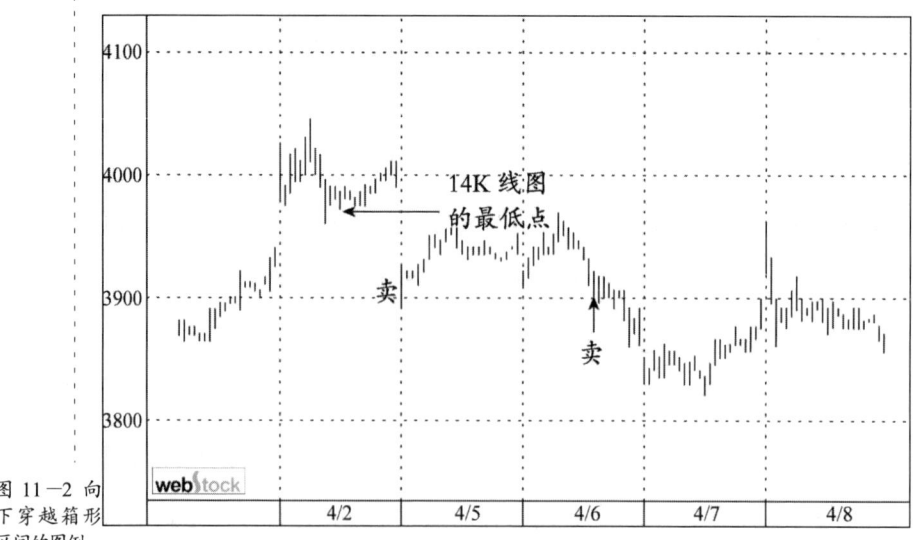

图 11—2 向下穿越箱形区间的图例。

箱形区间操作法

箱形区间操作法的历史非常悠久，1950 年代卡耐 Keltner 即曾经出版

《卡耐统计法》Keltner Statistical Service，阐述这种操作方式的运用，包括下列几项原则：

1. 首先决定采样期间，并以其K线图划出箱形的顶部和底部。如果我们采用14期距的数据，就以前14支K线为准。

2. 当商品价格超越前14支K线最高点的一档或两档时，即为进场做多时机。

3. 当商品价格超越前14支K线最低点的一档或两档时，即为进场做空时机。

4. 建立头寸以后，可以用任何一种方式设置止损单。当然，利用箱形理论来设止损也可以。

5. 箱形区间操作法，不但适用于当日冲销，也适用于波段操作或短线交易。

箱形区间操作法经过反复测试，证明效果良好。图11－3即是这种操作法的测试报告之一。

结论与建议

箱形区间操作法可以说是非常适于当日冲销者使用的操作方法，运用起来客观、简单，也很容易在电脑中设定拟卖或拟买的价位。我建议当日冲销者可以选择波动激烈且每档价值较高的商品使用。箱形区间操作法的进场信号非常明确，但是出场时机就得各凭本事了，不论是跟踪止损法，选定理想价位出场，都可以。根据我观察的结果，以箱形理论的方式，将止损设在箱形反转点上，倒是经常能获致最大利润的方法。

箱形区间操作法绩效表：全部交易			
标的：S&P500指数期货			
总损益	$18,300.00	未平仓头寸	$0.00
总获利	$61,900.00	总亏损	-$43,600.00
交易次数	169	获利次数百分比	56%
获利次数	95	亏损次数	74
最高获利金额	$2,975.00	最高亏损金额	-$2,000.00
平均获利金额	$651.58	平均亏损金额	-$589.19
获利/亏损次数比	1.11	平均损益金额	$108.28
最高连续获利次数	7	最高连续亏损次数	8
平均获利期距	20	平均亏损期距	20
当日最大账面损失	-$7,925.00		
获利因子	1.42	最多持有合约数	1
资金规模	$10,925.00	获利比	168%

箱形区间操作法绩效表：多头交易			
总损益	$14,775.00	未平仓头寸	$0.00
总获利	$35,025.00	总亏损	-$20,250.00
交易次数	97	获利次数百分比	65%
获利次数	63	亏损次数	34
最高获利金额	$2,500.00	最高亏损金额	-$2,000.00
平均获利金额	$555.95	平均亏损金额	-$595.59
获利/亏损次数比	0.93	平均损益金额	$152.32
最高连续获利次数	8	最高连续亏损次数	4
平均获利期距	18	平均亏损期距	18
当日最大账面损失	-$3,575.00		
获利因子	1.73	最多持有合约数	1
资金规模	$6,575.00	获利比	225%

箱形区间操作法绩效表：空头交易			
总损益	$3,525.00	未平仓头寸	$0.00
总获利	$26,875.00	总亏损	-$23,350.00
交易次数	72	获利次数百分比	44%
获利次数	32	亏损次数	40
最高获利金额	$2,975.00	最高亏损金额	-$1,475.00
平均获利金额	$839.84	平均亏损金额	$583.75
获利/亏损次数比	1.44	平均损益金额	$48.96
最高连续获利次数	3	最高连续亏损次数	5
平均获利期距	24	平均亏损期距	21
当日最大账面损失	-$6,850.00		
获利因子	1.15	最多持有合约数	1
资金规模	$9,850.00	获利比	36%

图11-3 S&P期货箱形区间操作法系统测试报告

12 传统技术分析理论

技术分析方法有千百种,能历经市场淬练,时间的洗礼,至今仍然为投资人所乐于使用的,必然有其存在的价值。但是市场部分投资人却对传统的技术分析理论有不同的看法,认为它们不够客观,准确度也偏低。尤其是自认理性且科学的投资人,坚持未经测试的技术分析,认为对传统技术分析根本不值一顾。

这种看法有其来由,因为大部分技术分析图形,既无法量化,更遑论使用电脑测试。不过我个人则认为,电脑测试的效果,显然被过分夸大。

我认为电脑测试以及投资人的交易技巧,是一项技术分析方法能否成为赚钱利器的两大关键。而且目前市场上流行的一些波段及短线操作方法,正是由传统的技术分析理论发展而成。讨论传统技术分析理论的书籍充斥坊间,我们不加赘述,只举其重要者,提纲契领阐释。

事实胜于雄辩,不论传统技术分析理论遭受多方面的抨击,却仍然是交易场内当日冲销者使用广泛的工具。就我个人多年的观察与实际经验,对这些传统技术分析的了解,实在是操作致胜的不二法门。

趋势线 Trend Line Analysis

趋势线指几个顶点或低点连接而成的直线，表示压力或支撑，所使用的顶点或低点至少包含 3 个点。

支撑线为数个低点的连线
压力线为数个顶点的连线

图 12－1 即显示数条压力与支撑线构成的方式。对当日冲销者而言，5 分钟、10 分钟以及 20 分钟 K 线图所构成的压力与支撑线最为适用。趋势线的运用有下列数种方法：

● 在上升趋势中，当商品价格回跌至支撑线时，买进。图 12－1 即显示这种操作法。

● 在下跌趋势中，当商品价格反弹至压力线时，卖出。图 12－1 即显示这种操作法。

● 当商品价格遗存支撑线时，即是进场做空，或是多头头寸平仓出场的时点，如图 12－2。

● 当商品价格突破压力线时，即是进场做多，或是空头部分平仓出场的时点，如图 12－3。

对当日冲销者而言，前溯一、两天以决定支撑或压力线，可能更为准确。不过，前溯至一星期以前，则完全没有必要。通常，前溯至前一天已经够了。

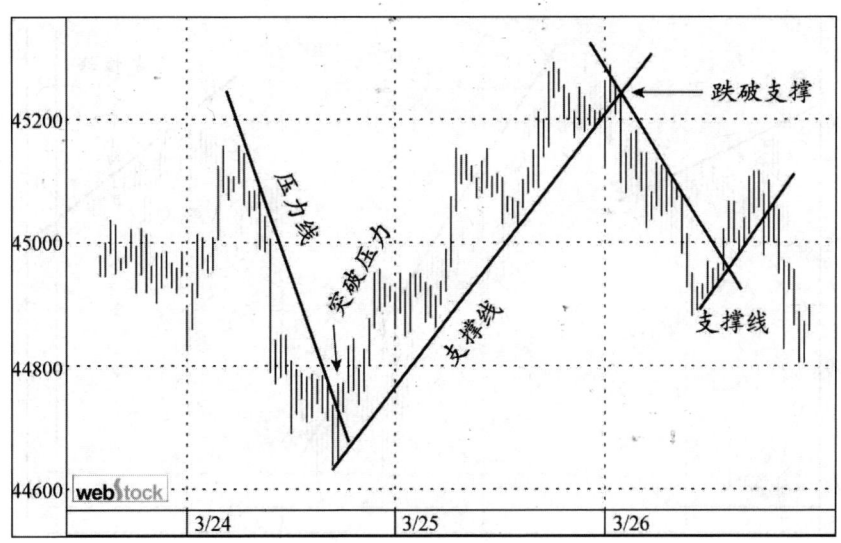

图 12-1 压力与支撑线实例。

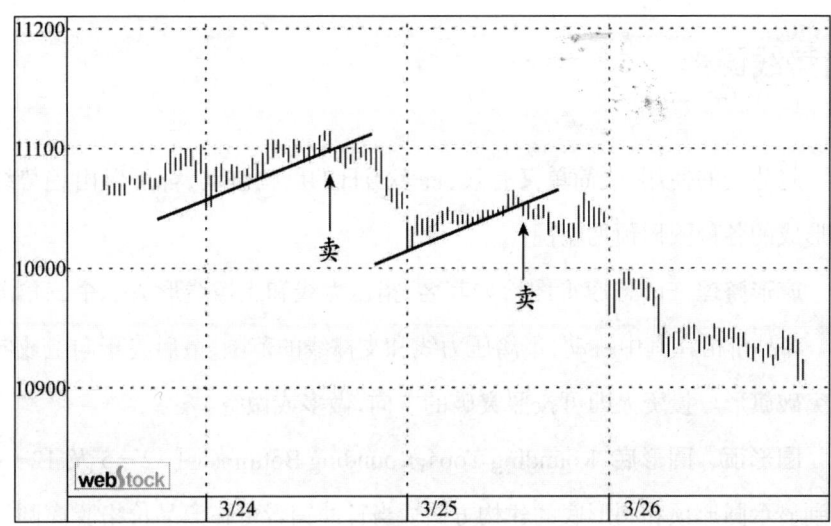

图 12-2 压力、支撑与趋势示意图。

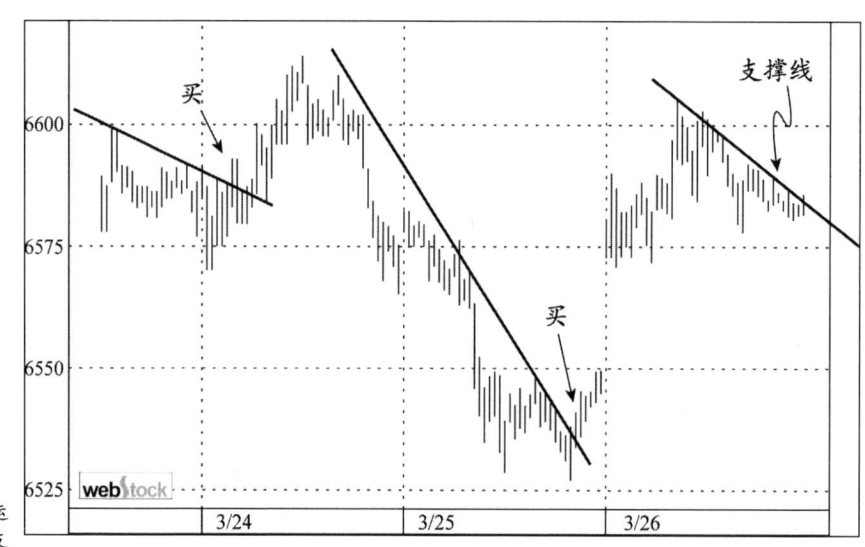

图 12－3 运用压力与支撑线操作的实例。

趋势线图形

趋势线的使用,既简单又有效,许多当日的巨幅波动,都可以由趋势线所形成的各种图形预见端倪：

旗形整理 Flags 旗形图恰如其名,指压力线和支撑线形成一个三角图形。商品价格在其中跳动,不离压力线和支撑线的范围,最后终于向上或向下突破旗形。投资人即可按照突破的方向,做多或做空。

圆形顶、圆形底 Rounding Tops, Rounding Bottoms 图 12－5 及 12－6 分别显示圆形顶和圆形底的建构方式。当日冲销者可在商品价格脱离圆形顶范围时,进场做空；商品价格脱离圆形底范围时,进场做多。

跳空缺口 Breakaway Gaps 跳空缺口很少在当日盘中发生,大都在开盘时即已形成,如图 12－7 所示。技术分析专家们认为,当向上跳空缺口形成时,将有一大段多头行情；当向下跳空缺口形成时,将有一大段空头行情。

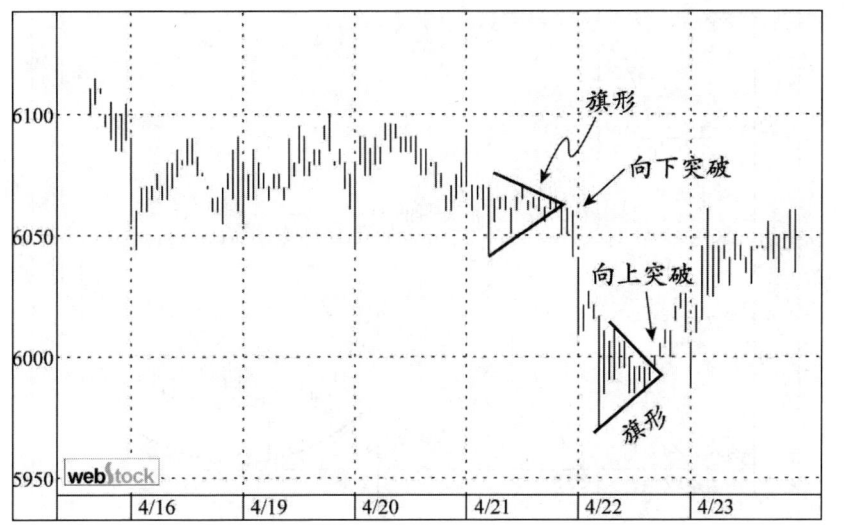

图 12—4 旗形整理的格局示意图。

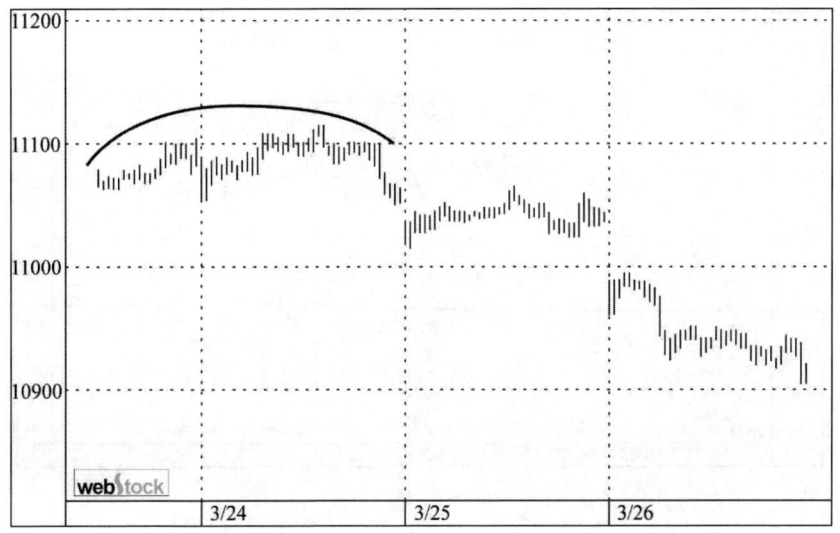

图 12—5 圆形顶图例

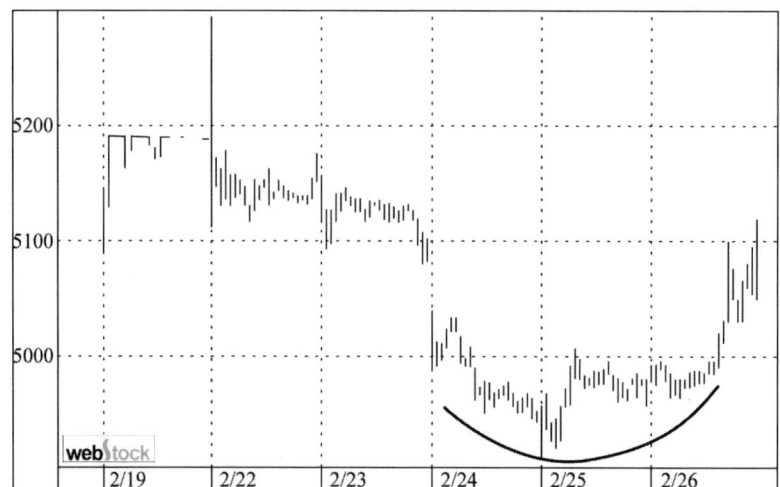

图 12-6 圆形底图例

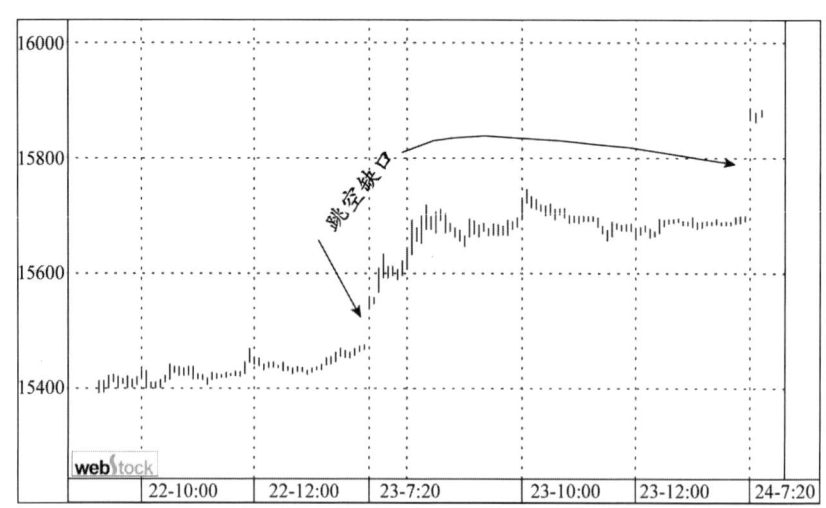

图 12-7 商品价格向上突破箱格局图例

反转 Key Reversals 向上反转信号指一支 K 线图的始价,在上一支 K 线图的最低点之下,且终价超越上一支 K 线图的最高价,如图 12-8 所示。

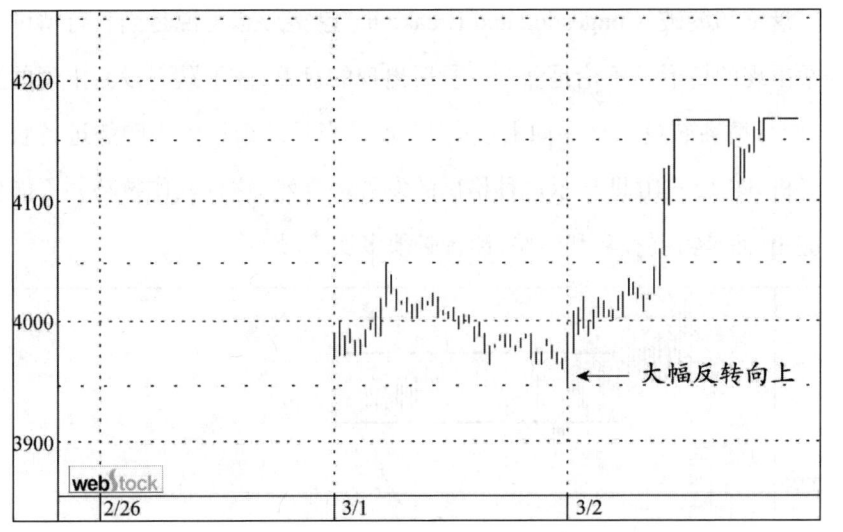

图 12—8 商品价格反转向上实例。

向下反转信号则指一支 K 线图的始价,在上一支 K 线图的最高点之下,且终价在上一支 K 线图的最低价,如图 12—9 所示。这种反转信号运用于日 K 线图不太准确,但是运用于当日冲销的短时距 K 线图,则非常有效。

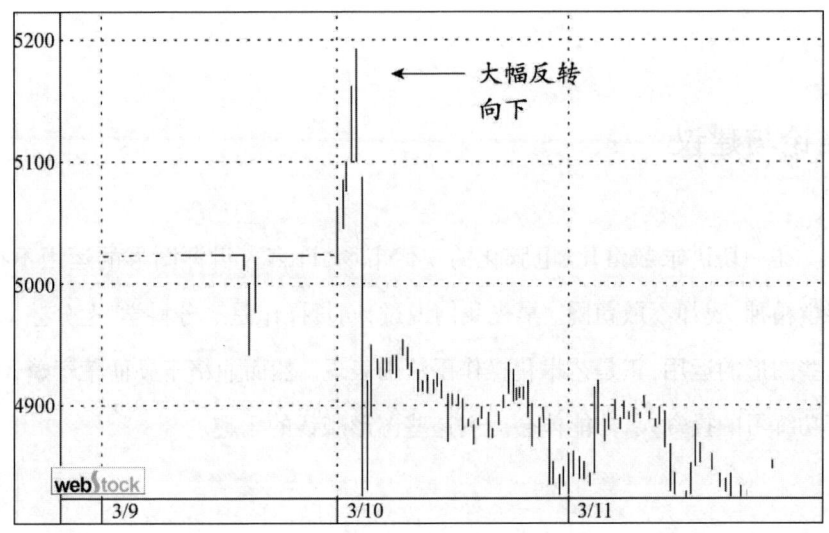

图 12—9 商品价格反转向下实例。

盘整和突破 Congestion and Breakouts 盘整形态可说是当日行情中最经常出现的情形。不论是涨升一段后出现的盘整，或下跌一段后出现的盘整，当行情突破盘整格局向上或向下，正是当日冲销投资人顺势进场获利的时机，图12－10即显示这种格局的发展。当然，这种操作技巧并不能机械应用，而是需要技巧和经验，读者必须多加练习。

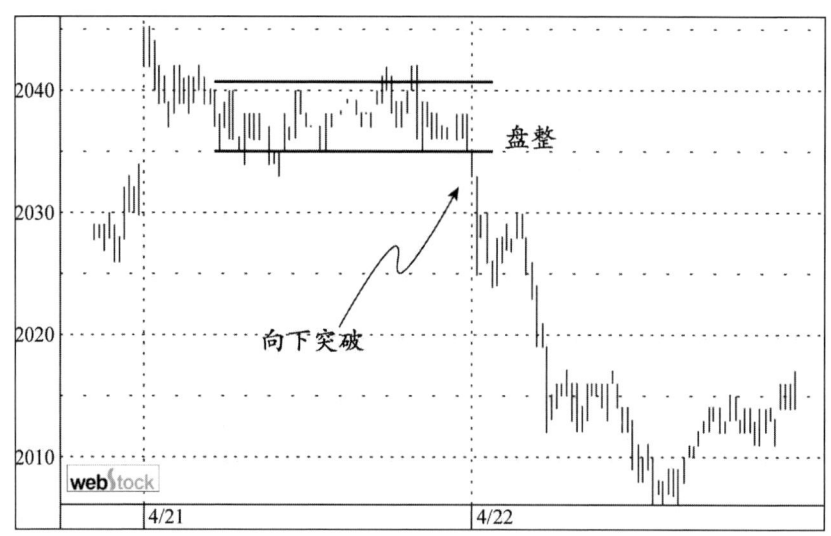

图12－10 盘整后向下突破的格局。

结论与建议

在一切讲求数量化、电脑化的现代市场，许多人讥评图形的运用不符科学精神，我却不敢苟同。早先我们说过，期货操作是三分科学、七分艺术。这些图形的运用，正是艺术化操作手法的表现。然而业精于勤而荒于嬉，下苦功练习的投资人，才能体会运用这些图形赚钱的乐趣。

13 始价和终价的玄机

本章中所介绍的各项指标,大都是震荡指标。不论是 RSI、动能指标、速率指标,都是商品行情震荡时,在两个极值间摆荡的型态。图 13－1 所显示的,则是平滑异同曲线 MACD,即是发散与收敛均线的相互交叉,观察进场做空以及做多的时机。

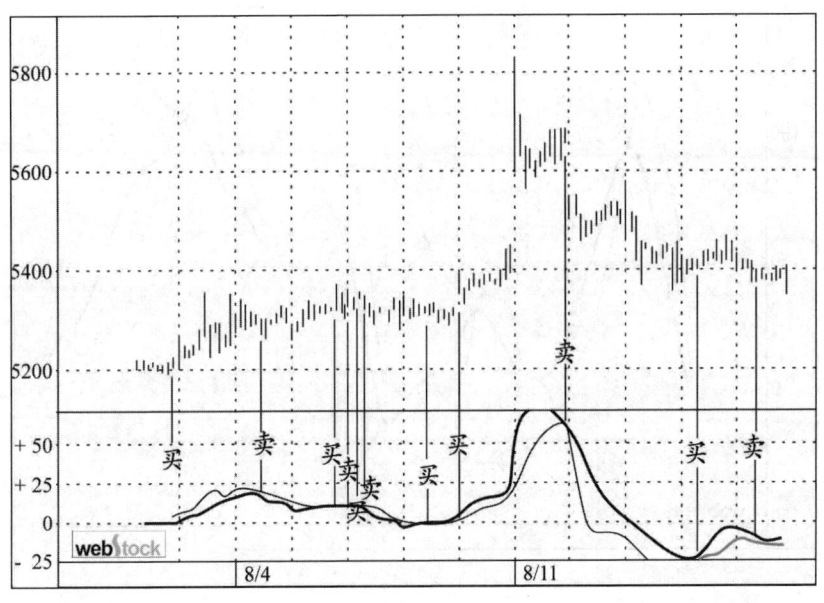

图 13－1 移动平均发散及收敛曲线的理想型式。

就我个人经验而言，MACD 较适用于 2 至 6 天的短线交易。图 13－2 以及 13－3 即 S&P 500 指数期货的短线进出时机。我们可以清楚地看出来，MACD 指标可以清楚地指出做多和做空的时机，获取利润。

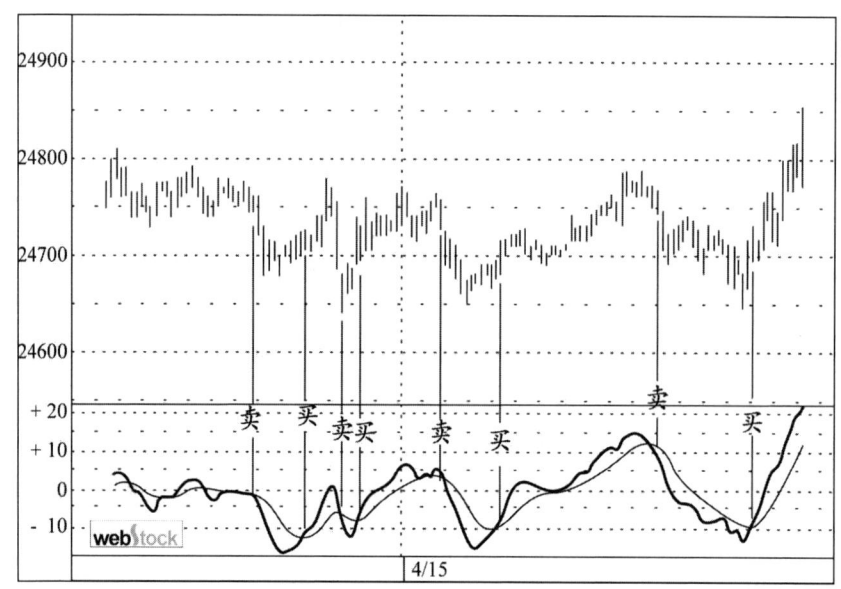

图 13－2 理想的移动平均发散及收敛曲线所显示的买进及卖出信号。

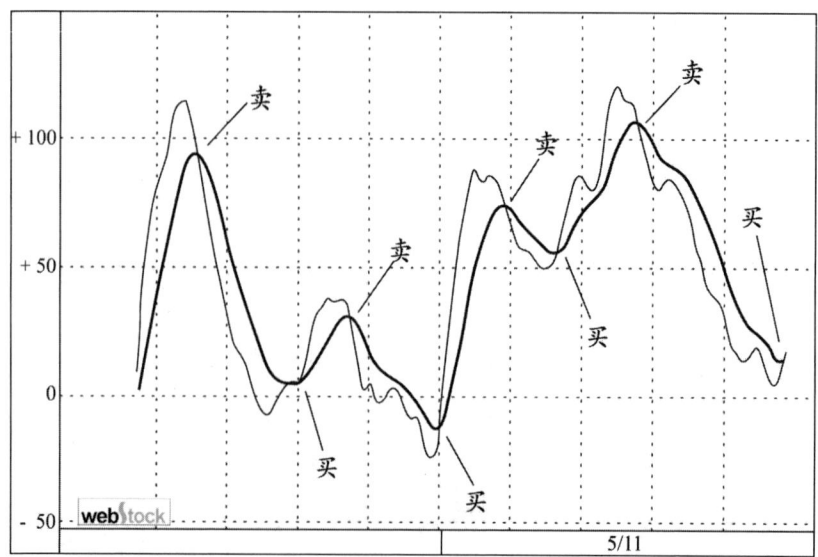

图 13－3 短线操作使用移动平均发散及收敛曲线的时机。

119/ 始价和终价的玄机 **13**

本章将介绍另一种极具参考价值的震荡指标,即始价终价均线指标。

始价与终价的关系

任何一个时距的 K 线图,都有他的起始价与终结价格。以 5 分钟 K 线图为例,起始价格就是每 5 分钟最先出现的成交价格。

运用始价和终价决定多空趋势的方法很简单。将 5 分钟、10 分钟或 15 分钟数支 K 线图的始价和终价分别绘成移动平均线图,如果始价均在终价均线之上,即是空头走势;始价均线在终价均线之下,即是多头走势。

图 13—4a 和 13—4b,即 5 分钟 S&P 500 指数期货的 K 线图以及始价和终价均线的相互关系。图 13—5 则是瑞士法郎的 5 分钟 K 线图。从这三个图中,我们可以观察到始价、终价指标确能掌握当日的盘势波动。

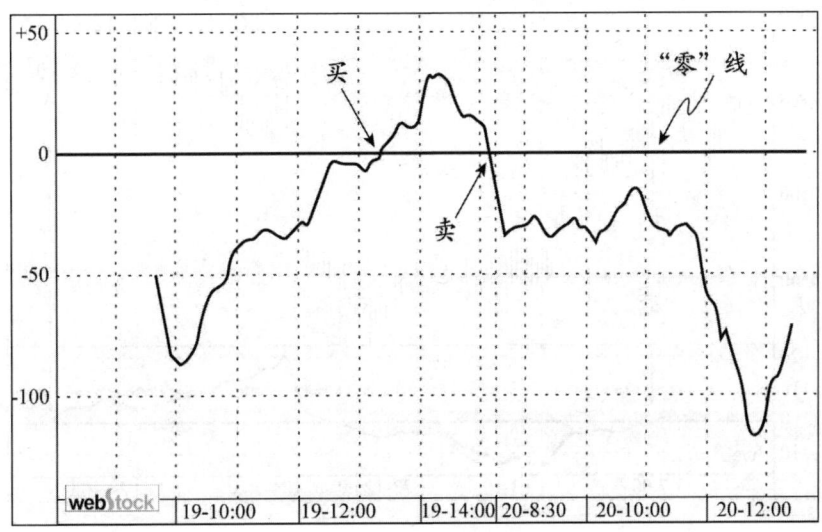

图 13—4a 理想的开、收盘价指标线。

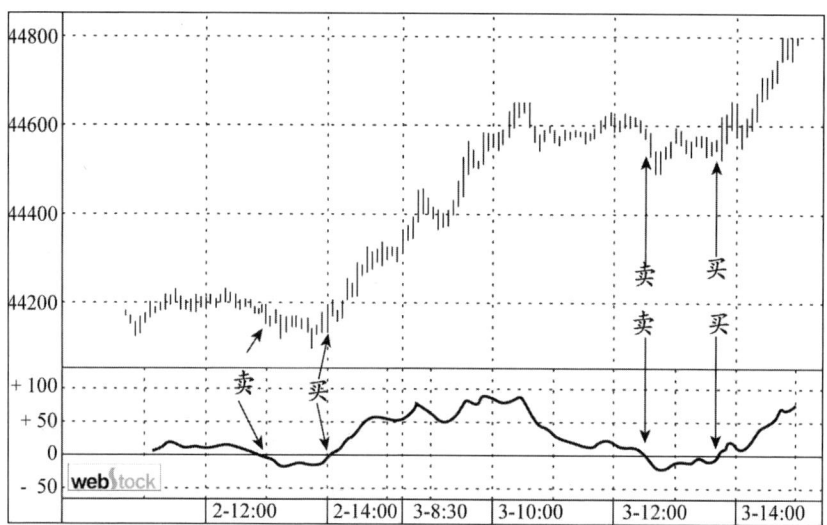

图13—4b 开、收盘价指标线所显示的进场及出场信号。S&P 500指数期货。

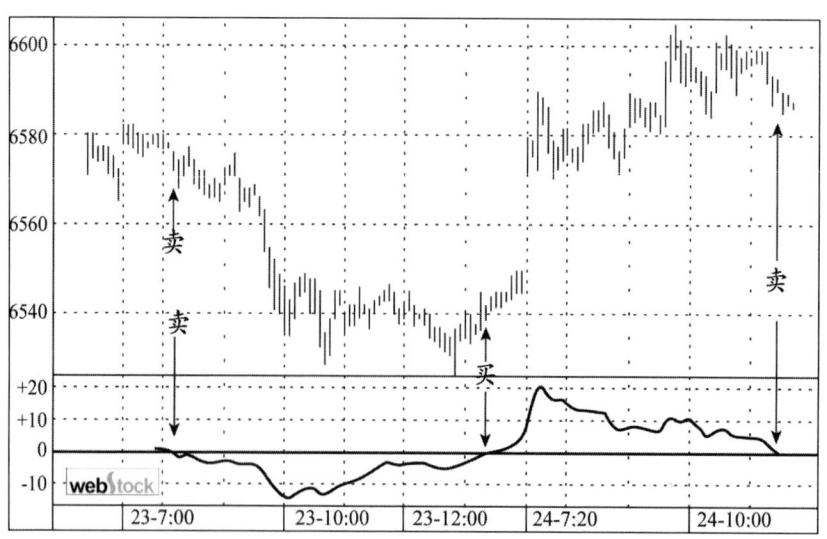

图13—5 开、收盘指标线所显示的进场及出场信号。瑞士法郎期货。

始价、终价指标的运用方法

1. 先设定两条移动平均线：

a) 设定 6 至 10 期距的 5 分钟、10 分钟或 20 分钟始价移动平均线。

b) 设定 12 至 24 期距的 5 分钟、10 分钟或 20 分钟终价移动平均线。

2. 当终价均线由下而上穿越始价均线，表示进场做多的时机；当终价均线由上而下穿越始价均线，表示进场做空的时机。

3. 读者可以根据商品的波动动性，调整始、终价均线的时隔，选用 5 分钟、10 分钟或 15 分钟、20 分钟的 K 线图。经过一段时间的演练之后，必能挑选出最适于操作的均线组合。

4. 这种操作方法最困难的一点，即始价均线和终价均线相互纠缠，即两均线之差值在零值附近来回穿梭时，投资人很难决定是否应进场。也就是说，投资人必须判别两均线交叉的间距有多大，才能算是明确的进场信号。图 13－6 即显示真交叉和假交叉频繁出现的例子，投资人唯有明确订定交叉确立的间距，才能避免盲目进出。

5. 进场建立头寸以后，可以依据始、终价操作原则，当反转信号出现时平仓出场，或是随行情逐步设定止损单出场。始价、终价指标操作法并非一成不变，需要投资人自己判盘的经验以及临场决断力。根据我的经验，S&P 500 以及外汇期货是适合使用这种操作方法的商品。读者也可以根据自己的观察，运用于其他商品。图 13－7 至图 13－11，即是各种商品运用于始价、终价指标的情形。

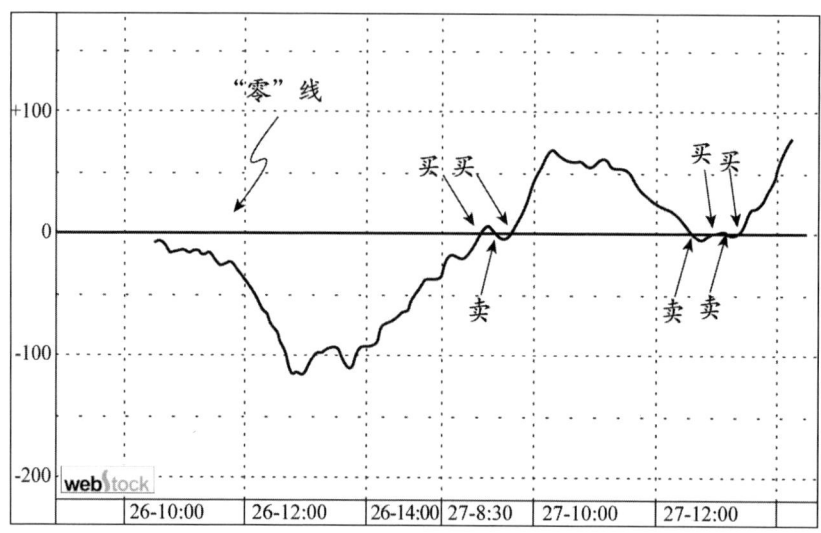

图13—6 开、收盘价指标出现骗线的情形。

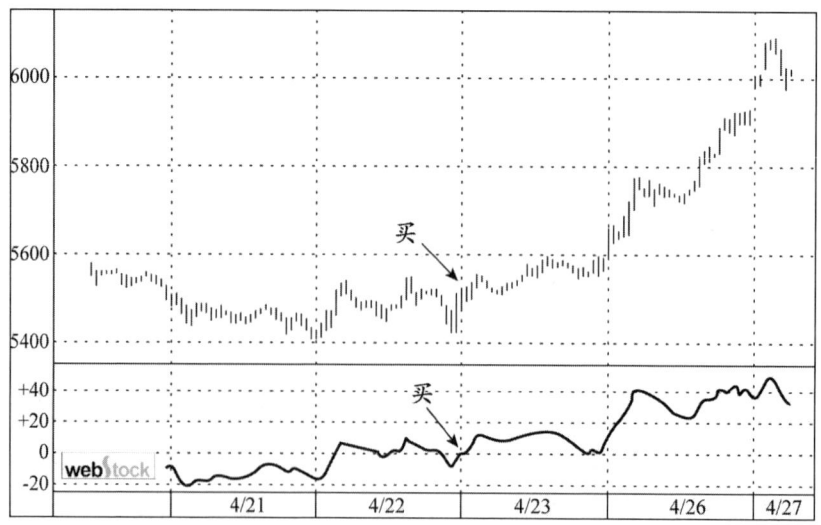

图13—7 每10分钟的开、收盘指标线。

123/ 始价和终价的玄机 **13**

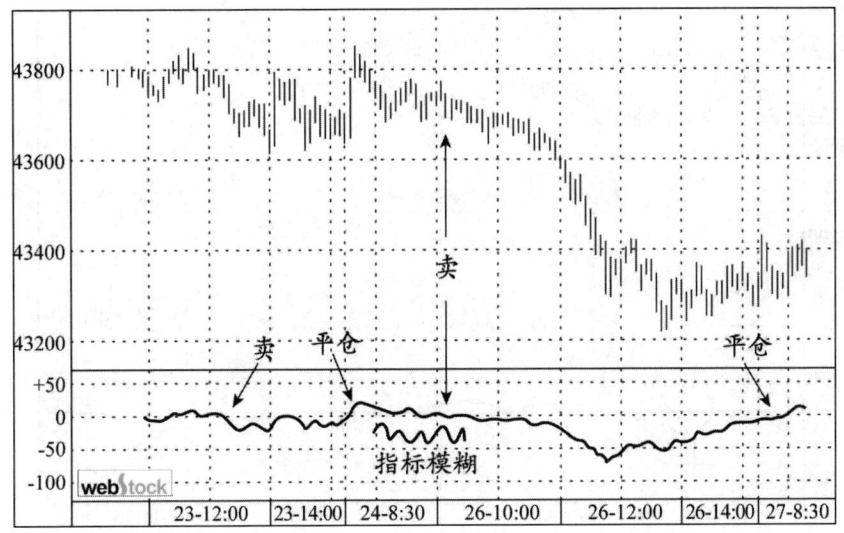

图 13-8 S&P 500 指数期货走势与开、收盘指标线之间的相互关系。

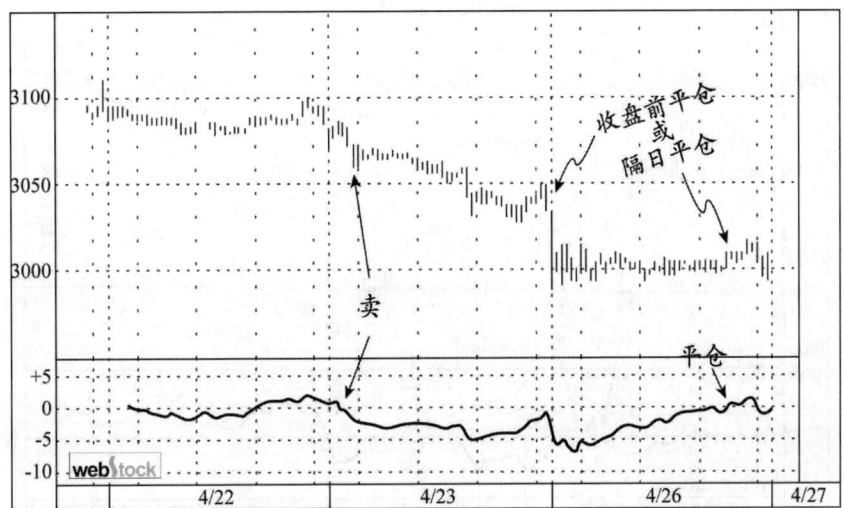

图 13-9 小麦期货与开、收盘指标线之间的相互关系。

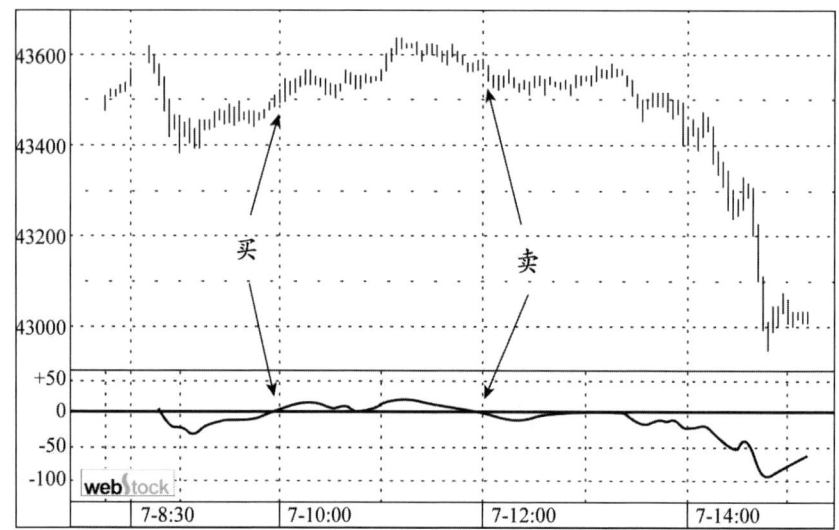

图13—10 开、收盘指标线与S&P500指数期货间的相互关系。

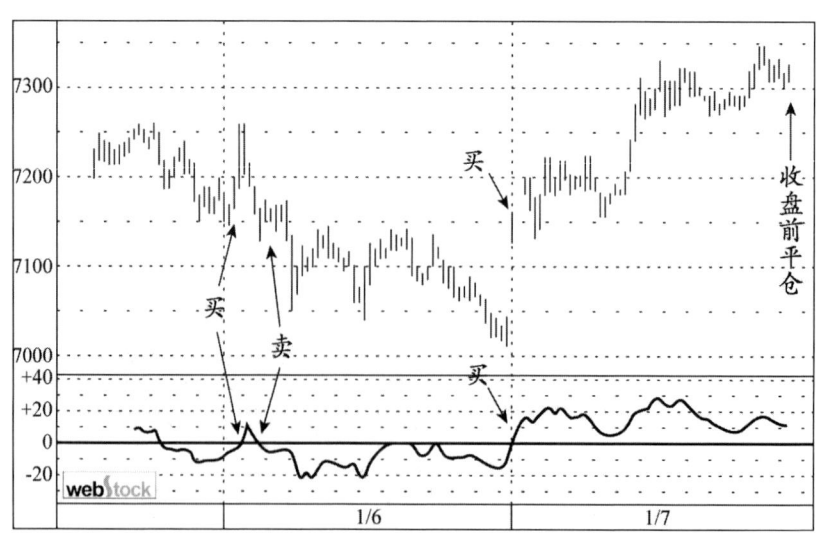

图13—11 开、收盘指标线与咖啡期货价格走势对照图。

结论

　　始价、终价指标操作法相当客观而准确，且经得起电脑测试。我建议读者们在波动性强、高价值的商品，使用这套操作法。始价、终价操作法与其他的技术指标一样，进场容易出场难，不过我们可以运用跟踪止损单，或是设定某一种获利价位，随时平仓出场。如果行情有较大的幅度波动时，等到反转信号出现时再平仓，往往能够赚到一大段差价。

　　另外一个设置平仓点的方法，则是进场建立头寸以后，改用较短时距的始价、终价均线。譬如原本用10分钟始价、终价均线，可以改为3分钟或5分钟均线，观察到反转信号时，即平仓出场。但是使用这种方法，只能用于平仓，切不可反向操作。

14　抢帽子

　　长久以来，抢帽子的交易行为一直是交易所内场内交易人的独享权利。一来因为他们只需交纳低廉的手续费，二来他们可以在场内快速地让买卖单成交，且做到好价钱。近年来，抢帽子的交易行为愈来愈竞争激烈，不少场内交易人却仍可运用这种交易方式赚取利润。

　　许多期货投资人不了解场内交易人抢帽子的操作方式，误以为场内交易人与一般的期货投资人处于相对立场。事实上，这种看法完全不正确。场内交易人的操作方式与一般投资人的操作方式互不相干，场内交易人在交易时间内频繁进出，以多量头寸，微少差价的方式来赚取利润，一般投资人则是以少量头寸、相当幅度的差价来获取利润。

　　近来由于即时报价系统以及电脑交易程序的普及，再加上愈来愈便宜的手续费，许多期货投资人也勇于介入抢帽子的交易方式。不过我得郑重地告诉读者，抢帽子是当日冲销的交易方式中最困难的一种，除非技术已炉火纯青，切不可轻易尝试。

印第安人剥头皮

Scalping 的原义,是早期印第安人征战获胜时,剥取敌人头皮为战利品的行为。在期货市场里,剥头皮未免失之野蛮,称之为抢帽子比较文明。通常在期货市场中抢帽子的,大都是交易所里场内交易人,他们以位居场内的优势,以快速的买卖、赚取二至三档的些微差价。

通常,场内交易人的手续费只须 8 至 15 美元。以美国长期公债利率为例,一档大约为 30 美元,因此只要有一档的差价,就能创造利润。通常,帽客买卖的头寸都很大,以一次操作 500 手来计算,2 档差价相当于以 1000档,就算扣除掉最高 15 元的手续费,总金额仍相当可观。

目前,已有好几个交易所在交易大厅内设置帽客贵宾室,使帽客们毋需在场内直接做单,而是透过贵宾室的电脑屏幕,再下单至场内。

帽客哲学

抢帽子的操作策略,与短线操作或当日冲销迥然不同。下列三点守则,是帽客进场必须谨守的观念:

1. 以量取胜　由于帽客只赚两、三档差价,因此操作的头寸必须有相当的量,才足以涵盖所耗费的功夫。

2. 赚了就跑　成功的帽客,必须手脚敏捷,不贪多也不愿承受巨大损失。譬如,你在 105.20 的价位做多长期国债,希望能在 105.22 的价位平仓出场,就不应该期望 105.23 或 105.24 的价位。否则操作的章法大乱,想要获利就很难了。

3. 一次只玩一种商品　帽客必须全神贯注地盯紧所投资商品的每一

次跳动,即使你有好几台电脑屏幕,理论上可以同时玩好几种商品,但是无法全神贯注,将使你得不偿失。

操作技巧

成功的帽客,必须选定单一技术指标,通常有压力支撑线操作法,以及内外盘价操作法。各位必然已知道,内盘价是买方愿意支付的价格,外盘价是卖方愿意出售的价格,通常买卖双方的差价是一档,有时会拉大至两三档。大部分的公债利率期货,买卖差价都是一档,并足以支付手续费还有盈余,是最好的抢帽子标的。

譬如,十年公债利率期货于某天开盘后经过一阵波动,即在 103.15 和 103.17 两档间狭幅盘旋。帽客如果想做抢帽子套利,以 103.15 的价位递进限时定价买单 Fill or Kill orders,即喊价 3 次买单不能在 103.15 成交,马上自动取消。如果买单已成交,必须马上递进 103.16 或 103.17 的卖单。

这是个很简单的套利抢帽子范例。有经验的投资人一眼就能看出,场内交易人占尽地利,可以马上知道单子是否已成交,而一般投资人却必须经由经纪人回报知道成交与否,才能采取下一个动作,难免会失去先机。虽然限时定价买单可以解决这方面的缺点,但是经常使用这种方式下单,经纪人会不胜其烦,甚至拒绝接受你的委托。因此非到必要,最好不要使用这种下单方式。

移动平均区间

我们先前提过的移动平均区间指标,也很适于帽客操作的依据。但是对帽客而言,必须将期距缩短,也就是说使用 5 单位的高值平均线,4 单位的低值平均线。

图 14-1 即美国公债利率期货 5 分钟 K 线图,及其高低值移动平均

线。图14-2及14-3分别为瑞士法郎及S&P 500期货。

从这三张图表中,我们可以清楚地看到,在上升趋势中,帽客可以在低值平均线附近做多,在高值平均线附近平仓。在下降趋势中,帽客可以在低高平均线附近做空,在低值平均线附近平仓出场。

在盘局时,这种方法仍可应用自如。帽客可以在低值平均线附近买进,高值平均线附近平仓。或在高值平均线附近做空,在低值平均线附近平仓。

理论上,只要是已形成高低值区间的期货商品,都可以应用这套操作方式抢帽子。但是实际操作时,状况很多,通常帽客常犯的一个错误,即是在行情与预期不符时,未能及时认赔出场,使损失加剧。一次的亏损,就足以把好几次辛苦赚得的利润全数吃光。因此,帽客运用这种方式时,务必眼明手快,快速获利了结,快速认赔出场,才能累积利润。

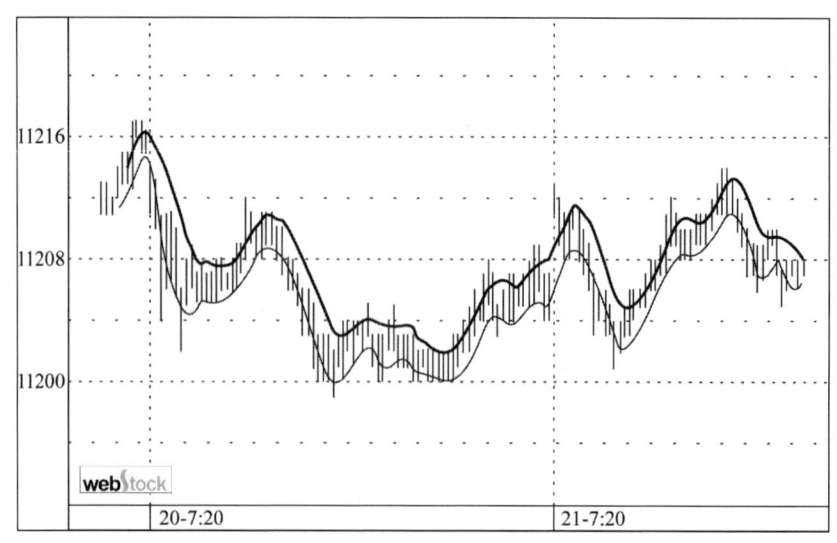

图14-1 5:4的移动平均区间线,以及5分钟公价利率期货走势的相关图。

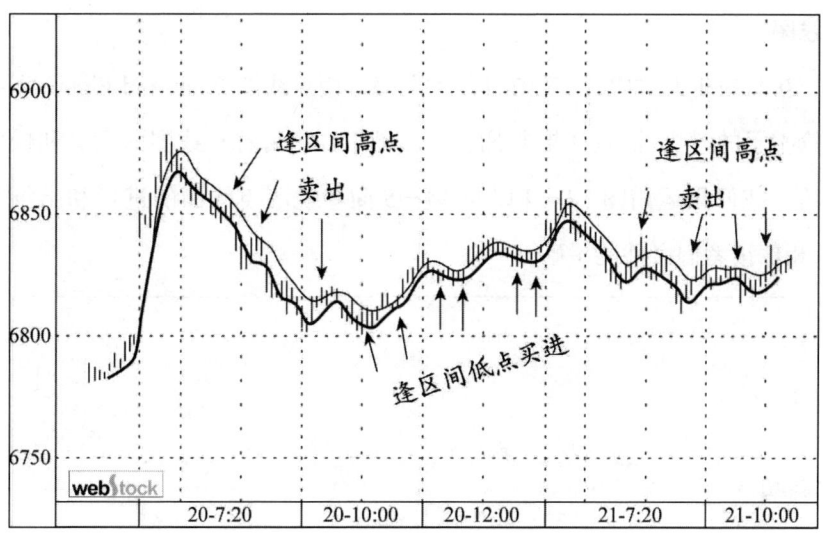

图 14—2 5:4 的移动平均区间线,以及 5 分钟公债利率期货走势的关系图。

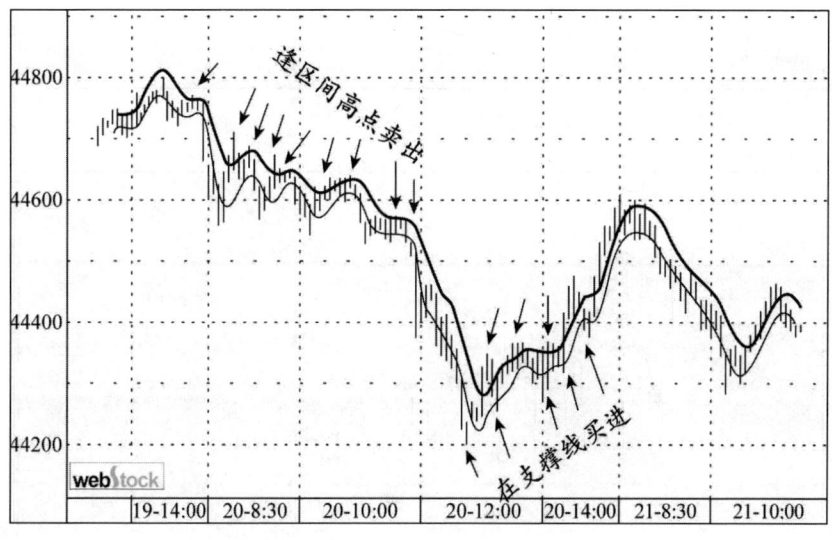

图 14—3 5:4 的移动平均区间线,以及 5 分钟的 S&P500 指数期货走势的关系图。

点线图

在交易所大厅内,许多场内交易人都运用点线图Point-and-Figure来判断抢帽子的时机,而且战果非凡。本书不拟详细解释点线图的意义和操作技巧,我们只运用图14-4以及14-5简单说明点线图的进场和出场时机,相信读者们必然能了解。

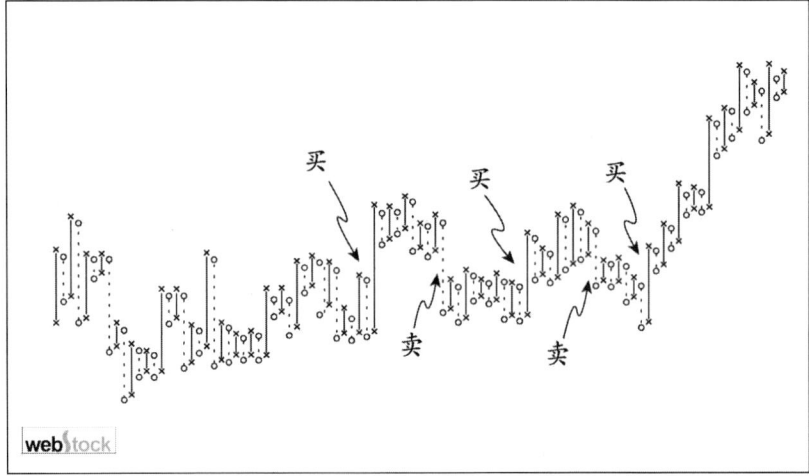

图14-4 点线图所示的进场以及出场信号。

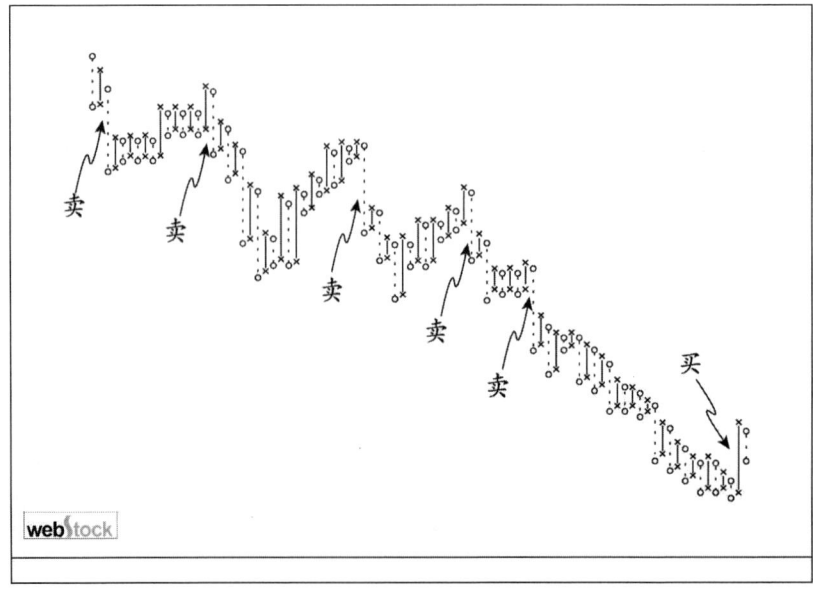

图14-5 点线图所示的进场以及出场信号。

运用盘中震荡

大部分帽客在盘局时都能操作得很顺手,遇到震荡幅度剧烈时,却显得不知所措,尤其在政府宣布经济统计数字、新政策或突发性国际新闻时,更是无以应对。事实上,当商品价格有喷出行情或直泻行情时,帽客只要抓住价格移动的方向,强势盘时做多,弱势盘时做空,仍然有利可图。千万不可等强势盘转弱,弱势盘反弹,以及上冲或下泻的动能消失时再进场,那样将会损失不赀。

遇到震荡行情时,帽客必须仔细罗列每一跳动的买卖价和成交价,以观察其中的变化。图14－6即是一段喷出行情的K线图和每档的价格变化,读者们不妨仔细比对,累积相当经验后,必能掌握住震荡行情的抢帽子利润。

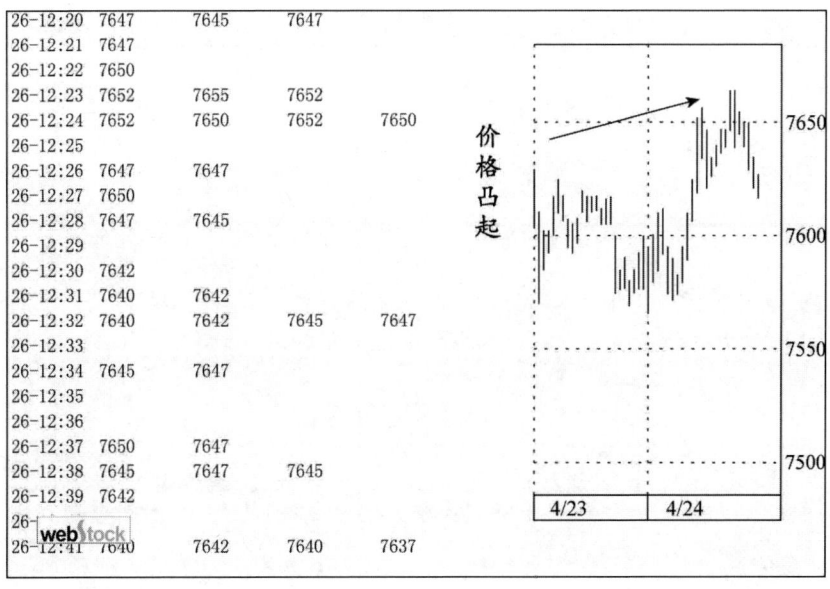

图14－6 价格变动表与K线图的互相关系。

结论

帽客是当日冲销者中较特殊的族群,他们的交易行为也是在当日就做完,却倾向于赚取较小幅度的差价,且一天来回做单好几次。由于进场和平仓之间的档数极小,帽客必须操作较大的头寸,才有利可图。手上的头寸愈大,风险也愈大,因此帽客必须动作敏捷,积沙成塔,且不能让一次亏损就吃光所有累积的利润。总而言之,下列几点昃成功帽客必须遵守的铁律:

1. 再进场信号明确的情况下,频繁进出,积小胜为大胜。
2. 不论输赢,迅速平仓。
3. 对盘势不看多也不看空,帽客只是赚几档差价而已,不可被市场传言牵着鼻子走。

15　下单技巧

对所有的期货投资人而言,运用正确的下单方式,是一道重要的门槛,犹如木匠使用正确的工具,才能发挥优良的技艺,完成出色的成品。对当日冲销者而言,下单方式往往导致成交价格的落差,进而影响到一笔交易的成败。学习下单的技巧,目的在于买到低价,卖到高价,能赚一档算一档。当日冲销者进场前,务必熟悉各种给单的方式,以及什么时候使用哪一种单字最为恰当。当然,也必须知道哪一种状况下应该避免使用某种单子,以免做到不好的价钱。

深入了解市价单

根据我的观察,市价单 Market order 就如同一个挖墙脚的山贼,常常造成投资人的损失。使用市价单的成交价往往与投资人的理想有些微差距,通常是一档,有时会达到两、三档。如果是 S&P500 指数期货,有时档数更多。试想你进场时的价位差了两档,出场时的价位又差了两档对当日冲销而言,还能有多少赚头? 因此,市价单的使用有如下的一些原则:

- **用在节骨眼上**　譬如当我们使用技术指标,以显示进场信号,但是在这项技术指标限定的时间内,仍然不能以理想的价格建立头寸,这时就必须以市价敲进。通常,进场信号显示后,商品价格都会迅速朝信号所显示的方向移动,但也经常出现瞬间的回头,扫掉原先设定的定价单,因此以定价单进场有时能够捡到一些好处。

- **已有相当利润时** 当我们进场后,行情朝预设的方向移动一大段,手上的头寸已有相当利润,且所使用的技术指标已呈现反转走势,此时必须以市价出场,以确保利润。
- **避免使用收盘市价单 Market-on-close(MOC)** 临收盘的价格,往往跳动激烈,难以掌握。有些投资人戏称收盘市价单为"收盘杀手",使投资人损失不赀,应该避免。
- **套利买卖时切勿使用市价单** 市价单将无可避免地造成价格落差,使套利的原意功亏一篑。然而在套利买卖时,却只有市价单与定价单可以使用。这两种单子,我们当然选择定价单较为合适。

引导市价单 Market-If-Touched(MIT)Orders

引导市价买单通常定价在行情价之下,引导市价卖单也必然定在行情价之上。当行情触及定价时,这些单子变成市价单,全部以市价执行。譬如你订定4150的引导市价买单,当行情触及4150时,交易员立刻以市价为你买进。这时你的成交价大都会在你订定的价格附近,有时更好,有时更差,靠一点运气。引导市价单使用的时机,在你心目中已有预拟的进场或平仓价位,又不愿意失去进场的机会,或希望马上出场,就可以使用这种下单方式。通常,使用压力与支撑线操作的投资人,较常使用这种下单方式。

虽然引导市价单有时会让你的成交价有两、三档的落差,却仍然是使用压力与支撑线作为操作指标的投资人最好的下单方式。不过,有几个交易所并不接受这种类型的单子,有些场内交易员也不愿意接这种单子,这是我们不可不事先查明的事项。

限时市价单 Fill-or-Kill(FOK)Orders

限时市价单指下单时给予明确的价格,场内容易员以这个价格在场内喊价 3 次,如果无法成交,立刻将这张单子取消。譬如你以 4550 的价位限时市价买进,交易员在场内以 4550 连喊 3 次,如果不能成交,即取消买单,并立刻向你回报。这种类型单子的最大好处,在于投资人可以确定自己的单子做到理想的价格,且可以马上知道自己的单子是否已成交。这是很重要的一点。

并非所有的交易所都接受这一类的单子,且在某些市况下,原本接受这种单子的交易所也会拒绝接单。有许多经纪人特别排斥这种单子,因为需耗许多人力来处理。尤其是收取低廉手续费的纪经人,更不喜欢投资人下这一类的单子给他们。

最后,限时市价单切不可离市价太远,一来这种价位根本不可能成交,二来你的经纪人会觉得不甚其扰,弄到最后根本没有人愿意接你的单子。

限时市价单的效果确实非常好,尤其当投资人亟需建立头寸或平仓出场,又担心市价单会做到不好的价钱。投资人使用这种单子时,务必了解限时市价单不保证一定会成交,而如果成交的话,一定是你订定的价钱。

止损单 Stop Orders

止损单的价位,可以定在目前行情价的上方或下方。这种单子运用在建立头寸之后,行情却朝与原先预期完全相反的方向发展时,可以迅速平仓认赔出场。投资人若想一开盘就建立头寸时,也可以运用这种方式下单。

但是止损单届时是以市价执行，投资人要有价格落差的心理准备，尤其是外汇期货、S&P 500、公债利率期货发生剧烈行情波动时，价格落差将会很大。

导限单 Stop Linit Orders

导限买单是指止损单再加上价格限制，使交易员在适当的价格空间中，将你的委托单成交。譬如，你可以下一张 6540、6455 的导限买单，交易员就可以在这个间距中仅量让你的单子成交且做到好价钱，当然，导限单不一定保证成交，但是成交价却一定在你限定的范围内。导限单是一种很好的委托方式，却只有少许投资人使用它。

长效单 Good-Til-Canceled Orders

长效单意义如其名，表示投资人的委托单未成交前当月都有效，除非投资人取消它。必须注意的是，长效单只限当月有效，隔月份就得重新再下单。

二选一单 One Cancels the Other(OCO)

投资人运用这种下单方式，可以同时下两种委托单，若其中一种成交，另一种则自动取消。投资人对行情没有十足把握时，可以选择这种下单方式。不过许多交易所并不接受这种委托单。

善用委托方式

我们已经大约叙述了各种委托单的优劣点和注意事项，下列几点建议，投资人务必牢记在心。对当日冲销者而言，获利依靠聚沙成塔，一档价格就是一项获利或损失。善用委托方式，将使你进出之间更得心应手。

- **避免使用市价单** 市价单容易造成价格落差，如果你在进场时耗损两档，出场时耗损两档，损失当会相当可观，不必和自己的钞票过意不去。

- **切勿使用收盘市价单** 收盘价的价格落差，比市价单还要大，常使投资人损失不赀。倘使当日冲销者必须在收盘前平仓，可以在临尾盘前几分钟下单，以确保做到较好的价格。

- **用导限单代替止损单** 大部分的状况下，导限单都可以成交，倘使担心无法成交，可以加大一、两档限价的距离。

- **善用限时定价单** 如果你想用某个价位建立头寸或平仓出场，又急于想知道委托单是否已成交，这种方式应该是最有效的。你可以马上知道结果，并采取下一个动作，利润就建立在时效上。如果你未曾使用过这种下单方式，不妨试一次看看。

- **利用限时定价单测试市场** 市场买气或卖压的强弱，可以由限时定价单测试出来。譬如，六月份的 S&P 500 指数期货在 406.50 与 406.90 之间盘旋，我们所运用的技术指标显示，应该在 406.50 进场做多，这时交易量不大，行情又由 406.50 往上升至 406.90。你不想追高，又怀疑进场信号是否确实，这时行情又回到 406.50，怎么办？不妨以 406.45 或 406.40 的限时定价单测试盘势。委托单递出以后，成交价的变化如下：406.55……406.50……406.55……406.50……406.50……406.45 买入（正是你的委托单）……406.45。你的单子成交了，显示这是个弱势盘，有潜在卖压，所以你能以低价成交。

倘使你的 406.45 的限时定价单递进后，行情的变化是 406.55……406.50……406.55……406.50……406.55……406.55……406.60……406.65……406.60……406.55……406.60……406.65……406.70……406.75，行情一路走强,你的限时定价单无法成交,自动被取消了。但是这种价格变化表示买气很强,你或许该考虑以市价进场。

- **引导市价单不见得能做到好价钱**　使用压力支撑线的当日冲销者,适于运用这种委托单,却难免会出现价格落差。

- **二选一委托单效果最好**　可以让你在盘势不明的情况下建立头寸。

- **注明第一次开盘价**　有几个纽约市的交易所采用阶段开盘制,即按照期货月份的顺序,先开出排序在前的月份期货,交易几分钟,暂停买卖,再开次一个月的盘依序进行,等所有的月份都开完盘,再同时一起开盘。经过这道手续,第二次一起开盘时的价格,显然与第一次单独开盘的价格不同。如果你想在第一次开盘时做到好价钱,否则就放弃,必须特别注明,以免在第二次开盘时成交。

- **要求迅速回报**　你必须一再叮嘱且要求你的经纪人,不论成交与否,都必须迅速回报。千万不要轻易采信经纪人的各种推托之词,尤其是交易的商品为外汇期货、S&P 500、利率期货时,更要特别要求。当然,有些延误是可以理解的,不过成为常态的话,你就必须考虑更换经纪人了。

- **了解各交易所接受的委托单种类**　各交易所都有不同的规定,且按市况还有除外规定,投资人必须一一辨明。芝加哥期货交易所 CME 几乎接受所有类型的委托单。芝加哥谷物交易所则限制较多,一般时段内并不接受引导市价单。

- **了解经纪人做单的方式**　你的经纪人是直接打电话到交易所,还是经过层层转接,才能把你的委托单送进交易大厅。这牵涉到时效问题,对当日冲销者而言,时效就是成本。切莫因贪图便宜的手续费,而容忍低效率的经纪人,因小失大,绝对划不来。

- **慎用电子交易系统 Globex**　电子交易系统有其独特遥下单方式，且流动性不足，更应该小心。

- **操作期权，务必使用定价单**　期权的成交量很低，一旦用市价进场，成交价将会使你大吃一惊，不知如何了断了。

- **熟悉下单指令**　确定自己所使用的术语正确，且不会造成经纪人的误解。经纪人重复你的指令时，必须仔细聆听，以免造成错账。

- **明确给单**　下单时说话必须迅速、清楚、明确。经纪人没有时间听你的犹豫之词。

- **记录交易内容**　即使你一天只做一趟买卖，只交易一种商品，也必须详细记录。内容包括买或卖、数量、价格、下单的时间、委托单的种类，以及成交价。这些动作虽然烦琐，却是保障你获利的最有效方法。

- **有错误马上查明**　一旦发生错账，必须马上与经纪人核对，拖延的时间愈久，经纪人肯负责的程度就愈低。

- **每日对账**　经纪商每天都会传真成交报告表给你，务必与自己的记录核对。一旦发现不符之处，必须马上告知经纪人，查明责任归属，并拟订解决方案。

- **临收盘之前，查明是否仍有未平仓单**　尤其是交易多种商品，且数量又多时，务必仔细核对。

以上的建议，都是我多年的经验。恰当的使用不同类型的委托单，可以创造利润。而仔细的记录、核对，则是避免错账的不二法门。错账的代价非常昂贵，与其花钱买经验，不如忠实做好应做的程序。

16 季节因素

季节因素指某些期货商品价格在特定的季节呈现固定的多头或空头走势。固然有些期货商品不因季节的变化而起舞,大部分商品却显然与季节变化有相关性,且其影响可维持数周或数月之久。当日冲销者若能了解期货商品的季节特性,当可从中掌握获利的契机。阿特·梅里尔(Art Merrill)在他的精典著作《华尔街的价格型态》(The Behavior of Prices on Wall Street)一书中,即根据统计数字指出,道琼工业指数在连续假期前一交易日,大都会拉尾盘且收红。他的统计资料涵盖约一百年,显然有其客观性和说服力。

订定关键日

根据我个人的研究,许多期货商品价格随季节变化的情形,恰如阿特·梅里尔所发现的现象。不过我使用的方法另有独特之处,我先订定几个关键日,再统计这几个关键日的商品价格走势,以观察是否有固定的模式。一年之中,有许多关键日,有些在统计数字上显示固定的盘势变化,有些则毫无章法。譬如图16-1所显示的三月铜期货,最下面一栏框框底部是日期,正中央则是当周每日收盘比开盘高或低的比率。

表中的实线即是季节倾向,小箭头向上表示当周收阳的统计比率明显高于平均值;小箭头向下表示当周收阴的统计比率明显高于平均值。

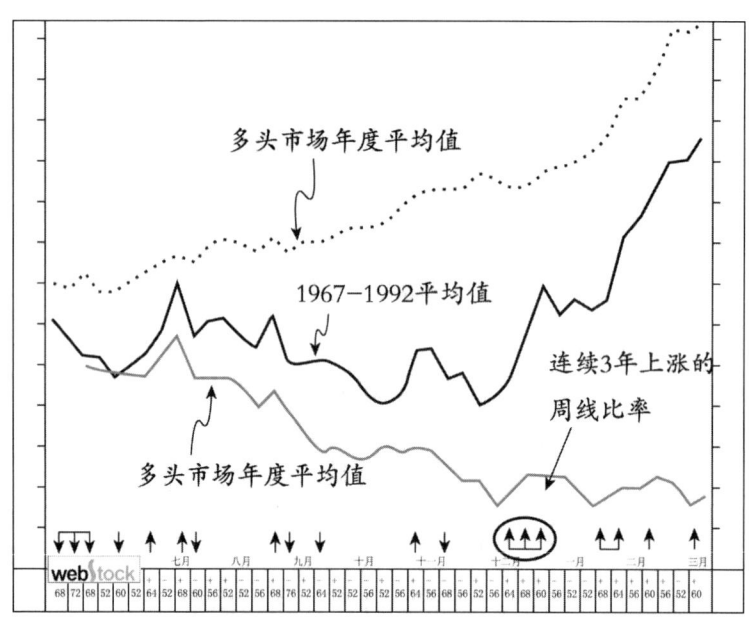

图16-1 三月铜期货的季节性因素。

季节因素的运用

关键日的涨跌倾向往往可以用来当作进出的指标。首先,我们必须找出统计数字上的特性:

1. 关键日显示75%或更高比率的上涨记录。
2. 关键日显示75%或更高比率的下跌记录。
3. 线型显示波段性的上涨或下跌。

图16－2、16－3、16－4显示不同期货商品在各关键日的各项变化。我们可以看出来,这种过程非常简单,只须把资料填进制式化的表格,完全不必运用主观的判断。一旦我们选定期货商品,并从表格中观察出高比率上涨或下跌的现象,接下来就是进场时机的选择,大致分为下列三步骤：

1. 挑出具有比率上涨或下跌现象的关键日。

2. 如准备在当天做多,必须运用其他指标,且这项指标显示进场信号时再进场。

3. 如准备在当天做空,也必须运用其他指标,且这项指标显示进场信号时再进场。

这显然是极简单的组合,即季节性因素再加上其他的判盘指标。图16－5、16－6、16－7都是这些组合的运用范例。

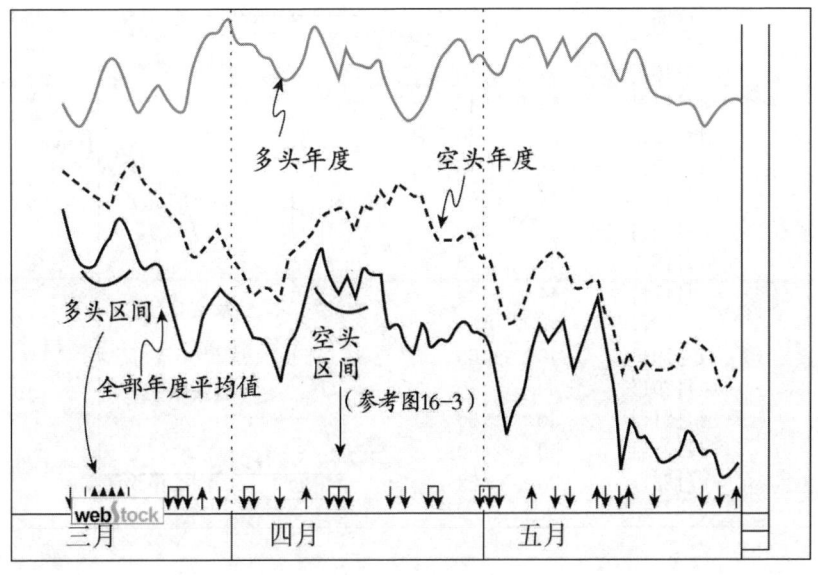

图16－2 瑞士法郎期货的季节倾向统计。

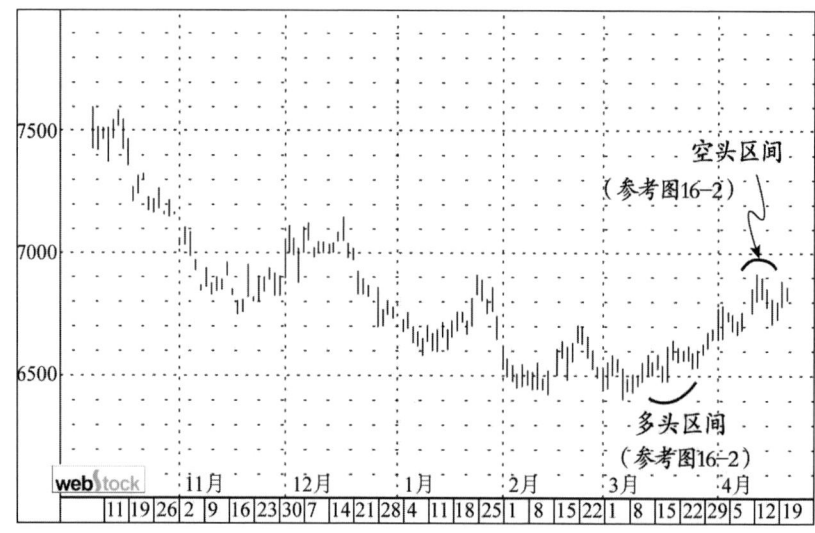

图16-3 瑞士法郎期货的季节倾向统计。

图16-4 公债利率期货的季节倾向统计。

日期	涨跌日数%	
4月10日	41	58
4月11日	54	45
4月12日	50	50
4月13日	44	55
4月14日	44	55
4月15日	60	40
4月16日	36	63
4月17日	44	55
4月18日	45	54
4月19日	40	60
4月20日	30	70
4月21日	40	60
4月22日	50	50
4月23日	36	63

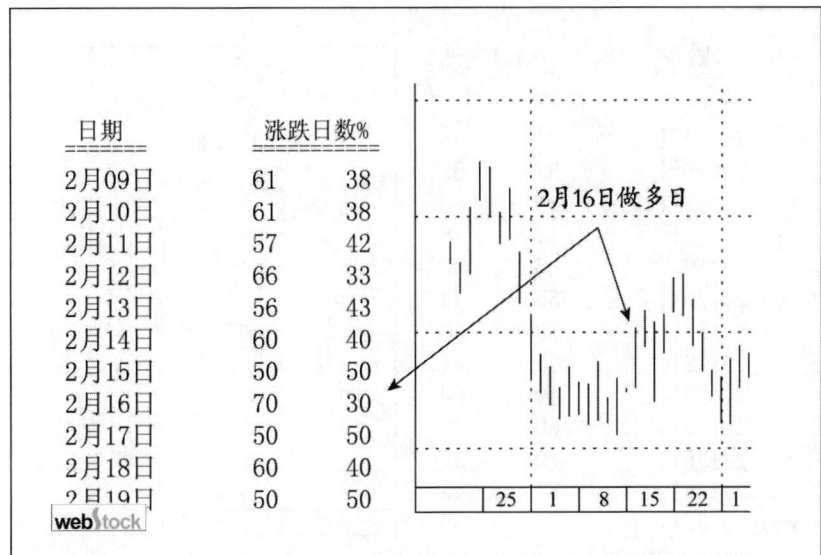

日期	涨跌日数%	
2月09日	61	38
2月10日	61	38
2月11日	57	42
2月12日	66	33
2月13日	56	43
2月14日	60	40
2月15日	50	50
2月16日	70	30
2月17日	50	50
2月18日	60	40
2月19日	50	50

图 16-5 关键日与进场时机：瑞士法郎。

日期	涨跌日数%	
3月09日	63	36
3月10日	60	40
3月11日	60	40
3月12日	63	36
3月13日	69	30
3月14日	50	50
3月15日	50	50
3月16日	87	12
3月17日	50	50
3月18日	33	66
3月19日	80	20

图 16-6 关键日与进场时机：日元。

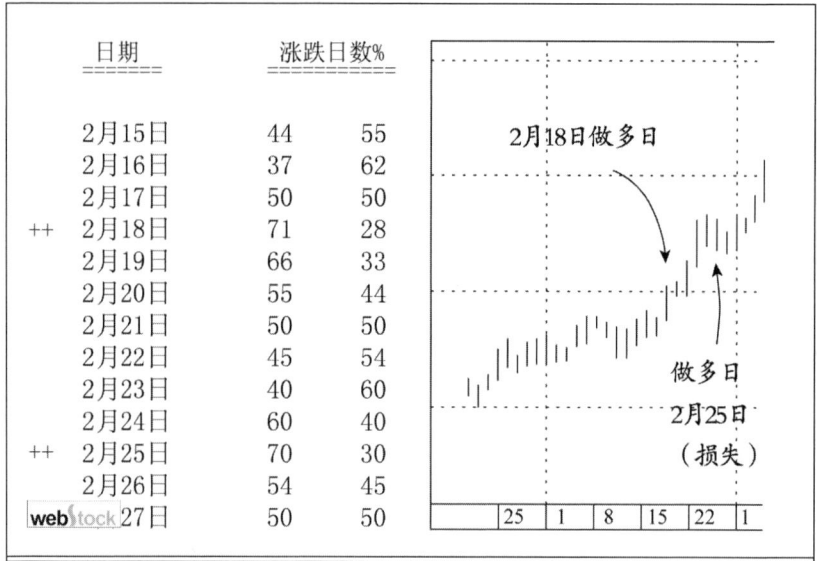

图 16-7 关键日与进场时机：国库券利率期货。

掌握关键日的涨跌倾向

某些期货商品在特定关键日确实呈现高比率上涨或下跌的现象，当日冲销者可以据此掌握获利的契机。有些投资人则认为，这些统计数字所采取的样本数不够，不足以为代表。这个问题一点也不难解决，只要把样本数的年代再往前推，其结果若仍显示高比率的涨跌现象，就是不可忽视的数据了。

季节性因素，最好运用在当日涨跌幅度较大的期货商品。下列图16-8、16-9以及16-10分别显示 S&P 500、瑞士法郎、美国长期公债的季节性因素影响，供读者们参考。

S&P 期货的每日涨跌统计

交易时机 强度	月份 日期	—时间%— 上涨	下跌	—日均幅度%— 上涨	下跌	—————天数————— 上涨	下跌	不变	总数
++	8月9日	75	25	0.26	-0.08	6	2	0	8
	8月10日	50	50	0.38	-0.06	4	4	0	8
++	8月11日	71	29	0.35	-0.10	5	2	0	7
++	8月12日	75	25	0.35	-0.10	6	2	0	8
+	8月13日	63	38	0.38	-0.07	5	3	0	8
++	8月14日	75	25	0.40	-0.02	6	2	0	8
+++	8月15日	88	13	0.26	-0.04	7	1	0	8
+	8月16日	63	38	0.29	-0.08	5	3	0	8
	8月17日	50	50	0.38	-0.06	4	4	0	8
++	8月18日	71	29	0.36	-0.06	5	2	0	7
+++	8月19日	86	14	0.34	-0.09	6	1	0	7
	8月20日	50	50	0.46	-0.05	4	4	0	8
++	8月21日	75	25	0.40	-0.11	6	2	0	8
+	8月22日	63	38	0.36	-0.08	5	3	0	8
	8月23日	50	50	0.37	-0.09	4	4	0	8
+	8月24日	63	38	0.31	-0.13	5	3	0	8
++	8月25日	71	29	0.37	-0.06	5	2	0	7
++	8月26日	75	25	0.37	-0.05	6	2	0	8
	8月27日	50	50	0.51	-0.07	4	4	0	8
+	8月28日	63	38	0.51	-0.08	5	3	0	8
++	8月29日	75	25	0.33	-0.07	6	2	0	8
+	8月30日	63	38	0.32	-0.07	5	3	0	8
+	8月31日	63	38	0.31	-0.08	5	3	0	8
	9月1日	38	63	0.52	-0.03	3	5	0	8
+++	9月2日	83	17	0.29	-0.04	5	1	0	6
+++	9月3日	83	17	0.39	-0.04	5	1	0	6
+	9月4日	67	33	0.47	-0.08	4	2	0	6
	9月5日	57	43	0.41	-0.08	4	3	0	7
+++	9月6日	83	17	0.32	-0.10	5	1	0	6
	9月7日	57	43	0.21	-0.10	4	3	0	7
+++	9月8日	100	0	0.31	-0.08	6	0	0	6
+++	9月9日	100	0	0.31	-0.06	7	0	0	7
+	9月10日	63	38	0.36	-0.08	5	3	0	8
+	9月11日	63	38	0.43	-0.08	5	3	0	8
++	9月12日	75	25	0.27	-0.10	6	2	0	8
+++	9月13日	88	13	0.21	-0.20	7	1	0	8
+++	9月14日	88	13	0.23	-0.22	7	1	0	8
+++	9月15日	86	14	0.28	-0.03	6	1	0	7
+++	9月16日	88	13	0.28	-0.03	7	1	0	8
++	9月17日	75	25	0.26	-0.12	6	2	0	8

+++	9月18日	88	13	0.29	-0.20	7	1	0	8
++	9月19日	75	25	0.27	-0.12	6	2	0	8
++	9月20日	75	25	0.27	-0.14	6	2	0	8
+	9月21日	63	38	0.32	-0.10	5	3	0	8
+++	9月22日	86	14	0.30	-0.05	6	1	0	7
+++	9月23日	88	13	0.30	-0.05	7	1	0	8
+	9月24日	63	38	0.34	-0.14	5	3	0	8
+	9月25日	63	38	0.40	-0.14	5	3	0	8
++	9月26日	75	25	0.27	-0.17	6	2	0	8
+++	9月27日	88	13	0.22	-0.39	7	1	0	8
+	9月28日	63	38	0.33	-0.14	5	3	0	8
+++	9月29日	86	14	0.30	-0.05	6	1	0	7
+++	9月30日	88	13	0.29	-0.04	7	1	0	8
+	10月1日	63	38	0.34	-0.11	5	3	0	8
+	10月2日	63	38	0.43	-0.14	5	3	0	8
++	10月3日	75	25	0.28	-0.17	6	2	0	8
++	10月4日	75	25	0.26	-0.16	6	2	0	8
+	10月5日	63	38	0.35	-0.16	5	3	0	8
+++	10月6日	86	14	0.33	-0.16	6	1	0	7
+++	10月7日	88	13	0.30	-0.19	7	1	0	8
+	10月8日	63	38	0.33	-0.15	5	3	0	8
+	10月9日	63	38	0.40	-0.21	5	3	0	8
++	10月10日	75	25	0.31	-0.23	6	2	0	8
++	10月11日	75	25	0.30	-0.25	6	2	0	8
+	10月12日	63	38	0.35	-0.20	5	3	0	8
+++	10月13日	86	14	0.29	-0.13	6	1	0	7
+++	10月14日	88	13	0.30	-0.14	7	1	0	8
+	10月15日	63	38	0.33	-0.17	5	3	0	8
+	10月16日	63	38	0.35	-0.19	5	3	0	8
++	10月17日	75	25	0.30	-0.23	6	2	0	8
+++	10月18日	88	13	0.26	-0.34	7	1	0	8
	10月19日	50	50	0.26	-0.20	4	4	0	8
	10月20日	43	57	0.26	-0.18	3	4	0	7
+++	10月21日	88	13	0.25	-0.07	7	1	0	8
	10月22日	50	50	0.27	-0.09	4	4	0	8
	10月23日	50	50	0.34	-0.10	4	4	0	8
++	10月24日	75	25	0.29	-0.13	6	2	0	8
++	10月25日	75	25	0.28	-0.17	6	2	0	8
	10月26日	50	50	0.24	-0.17	4	4	0	8
++	10月27日	71	29	0.22	-0.10	5	2	0	7
++	10月28日	75	25	0.25	-0.08	6	2	0	8
+	10月29日	63	38	0.23	-0.15	5	3	0	8
+	10月30日	63	38	0.30	-0.14	5	3	0	8
++	10月31日	75	25	0.30	-0.19	6	2	0	8
++	11月1日	75	25	0.29	-0.17	6	2	0	8
+	11月2日	63	38	0.22	-0.10	5	3	0	8

16 / 季节因素

+++	11月3日	86	14	0.22	-0.03	6	1	0	7
+++	11月4日	88	13	0.25	-0.07	7	1	0	8
+	11月5日	63	38	0.26	-0.11	5	3	0	8
++	11月6日	75	25	0.23	-0.18	6	2	0	8
++	11月7日	75	25	0.29	-0.18	6	2	0	8
++	11月8日	75	25	0.29	-0.17	6	2	0	8
+	11月9日	63	38	0.19	-0.11	5	3	0	8
++	11月10日	71	29	0.24	-0.05	5	2	0	7
++	11月11日	75	25	0.29	-0.01	6	2	0	8
++	11月12日	75	25	0.24	-0.12	6	2	0	8
++	11月13日	75	25	0.26	-0.14	6	2	0	8
++	11月14日	75	25	0.31	-0.12	6	2	0	8
++	11月15日	75	25	0.27	-0.14	6	2	0	8
+	11月16日	63	38	0.17	-0.10	5	3	0	8
++	11月17日	71	29	0.21	-0.03	5	2	0	7
+++	11月18日	100	0	0.19	0.00	8	0	0	8
+	11月19日	63	38	0.23	-0.11	5	3	0	8
+	11月20日	63	38	0.27	-0.11	5	3	0	8
++	11月21日	75	25	0.28	-0.15	6	2	0	8
++	11月22日	75	25	0.26	0.00	6	2	0	8
	11月23日	57	43	0.12	-0.10	4	3	0	7
+++	11月24日	100	0	0.18	0.00	5	0	0	5
+++	11月25日	83	17	0.23	0.00	5	1	0	6
+	11月26日	67	33	0.31	-0.14	4	2	0	6
	11月27日	57	43	0.31	-0.11	4	3	0	7
+	11月28日	67	33	0.25	-0.14	4	2	0	6
++	11月29日	75	25	0.27	-0.16	6	2	0	8
+	11月30日	63	38	0.21	-0.13	5	3	0	8

图16-8 S&P 500指数期货的季节倾向统计。

交易时机	月份	时间%		日均幅度%		天数			
强度	日期	上涨	下跌	上涨	下跌	上涨	下跌	不变	总数
	8月9日	50	50	0.04	0.04	5	5	0	10
--	8月10日	27	73	0.05	0.05	3	8	0	11
-	8月11日	40	60	0.08	0.06	4	6	0	10
	8月12日	50	50	0.06	0.06	5	5	0	10
	8月13日	45	55	0.06	0.06	5	6	0	11
	8月14日	42	50	0.07	0.07	5	6	1	12
	8月15日	36	55	0.08	0.05	4	6	1	11
	8月16日	40	50	0.05	0.04	4	5	1	10
-	8月17日	27	64	0.06	0.05	3	7	1	11
-	8月18日	40	60	0.09	0.06	4	6	0	10
	8月19日	44	56	0.08	0.07	4	5	0	9
	8月20日	45	55	0.08	0.06	5	6	0	11
	8月21日	42	58	0.08	0.06	5	7	0	12
-	8月22日	36	64	0.09	0.04	4	7	0	11
-	8月23日	40	60	0.06	0.04	4	6	0	10
--	8月24日	27	73	0.06	0.05	3	8	0	11
-	8月25日	40	60	0.09	0.06	4	6	0	10
	8月26日	50	50	0.07	0.07	5	5	0	10
	8月27日	45	55	0.07	0.08	5	6	0	11
	8月28日	42	58	0.08	0.07	5	7	0	12
-	8月29日	36	64	0.10	0.05	4	7	0	11
-	8月30日	40	60	0.06	0.04	4	6	0	10
-	8月31日	36	64	0.04	0.06	4	7	0	11
	9月1日	50	50	0.04	0.08	4	4	0	8
	9月2日	50	50	0.07	0.10	4	4	0	8
+	9月3日	63	38	0.07	0.12	5	3	0	8
-	9月4日	40	60	0.07	0.08	4	6	0	10
	9月5日	44	56	0.08	0.05	4	5	0	9
	9月6日	44	56	0.05	0.04	4	5	0	9
-	9月7日	38	63	0.06	0.04	3	5	0	8
	9月8日	50	50	0.07	0.09	5	5	0	10
	9月9日	60	40	0.06	0.10	6	4	0	10
	9月10日	45	55	0.06	0.08	5	6	0	11
	9月11日	42	58	0.07	0.07	5	7	0	12
	9月12日	45	55	0.07	0.05	5	6	0	11
	9月13日	50	50	0.05	0.04	5	5	0	10
-	9月14日	36	64	0.06	0.06	4	7	0	11
	9月15日	50	50	0.07	0.09	5	5	0	10
	9月16日	60	40	0.06	0.10	6	4	0	10
	9月17日	45	55	0.06	0.08	5	6	0	11

交易时机	月份	时间%		日均幅度%		天数			
强度	日期	上涨	下跌	上涨	下跌	上涨	下跌	不变	总数
	8月9日	50	50	0.04	0.04	5	5	0	10
--	8月10日	27	73	0.05	0.05	3	8	0	11
-	8月11日	40	60	0.08	0.06	4	6	0	10
	8月12日	50	50	0.06	0.06	5	5	0	10
	8月13日	45	55	0.06	0.06	5	6	0	11
	8月14日	42	50	0.07	0.07	5	6	1	12
	8月15日	36	55	0.08	0.05	4	6	1	11
	8月16日	40	50	0.05	0.04	4	5	1	10
-	8月17日	27	64	0.06	0.05	3	7	1	11
-	8月18日	40	60	0.09	0.06	4	6	0	10
	8月19日	44	56	0.08	0.07	4	5	0	9
	8月20日	45	55	0.08	0.06	5	6	0	11
	8月21日	42	58	0.08	0.06	5	7	0	12
-	8月22日	36	64	0.09	0.04	4	7	0	11
-	8月23日	40	60	0.06	0.04	4	6	0	10
--	8月24日	27	73	0.06	0.05	3	8	0	11
-	8月25日	40	60	0.09	0.06	4	6	0	10
	8月26日	50	50	0.07	0.07	5	5	0	10
	8月27日	45	55	0.07	0.08	5	6	0	11
	8月28日	42	58	0.08	0.07	5	7	0	12
	8月29日	36	64	0.10	0.05	4	7	0	11
-	8月30日	40	60	0.06	0.04	4	6	0	10
-	8月31日	36	64	0.04	0.06	4	7	0	11
	9月1日	50	50	0.04	0.08	4	4	0	8
	9月2日	50	50	0.07	0.10	4	4	0	8
+	9月3日	63	38	0.07	0.12	5	3	0	8
-	9月4日	40	60	0.07	0.08	4	6	0	10
	9月5日	44	56	0.08	0.05	4	5	0	9
	9月6日	44	56	0.05	0.04	4	5	0	9
	9月7日	38	63	0.06	0.04	3	5	0	8
	9月8日	50	50	0.07	0.09	5	5	0	10
	9月9日	60	40	0.06	0.10	6	4	0	10
	9月10日	45	55	0.06	0.08	5	6	0	11
	9月11日	42	58	0.07	0.07	5	7	0	12
	9月12日	45	55	0.07	0.05	5	6	0	11
	9月13日	50	50	0.05	0.04	5	5	0	10
-	9月14日	36	64	0.06	0.06	4	7	0	11
	9月15日	50	50	0.07	0.09	5	5	0	10
	9月16日	60	40	0.06	0.10	6	4	0	10
	9月17日	45	55	0.06	0.08	5	6	0	11

	11月1日	55	45	0.08	0.06	6	5	0	11
-	11月2日	36	64	0.05	0.08	4	7	0	11
	11月3日	45	55	0.10	0.08	5	6	0	11
	11月4日	60	40	0.09	0.06	6	4	0	10
	11月5日	55	45	0.08	0.10	6	5	0	11
	11月6日	42	58	0.09	0.08	5	7	0	12
	11月7日	55	45	0.08	0.08	6	5	0	11
	11月8日	55	45	0.08	0.06	6	5	0	11
-	11月9日	33	67	0.08	0.06	4	8	0	12
	11月10日	45	55	0.09	0.08	5	6	0	11
	11月11日	55	45	0.08	0.07	6	5	0	11
	11月12日	55	45	0.08	0.09	6	5	0	11
	11月13日	50	50	0.08	0.08	6	6	0	12
	11月14日	50	50	0.08	0.07	6	6	0	12
	11月15日	55	45	0.08	0.05	6	5	0	11
	11月16日	42	58	0.07	0.06	5	7	0	12
	11月17日	45	55	0.09	0.07	5	6	0	11
	11月18日	55	45	0.09	0.07	6	5	0	11
	11月19日	55	45	0.09	0.09	6	5	0	11
	11月20日	50	50	0.09	0.08	6	6	0	12
	11月21日	50	50	0.09	0.07	6	6	0	12
+	11月22日	63	38	0.09	0.04	5	3	0	8
-	11月23日	40	60	0.06	0.06	4	6	0	10
	11月24日	50	50	0.12	0.09	4	4	0	8
	11月25日	50	50	0.07	0.07	5	5	0	10
+	11月26日	63	38	0.10	0.09	5	3	0	8
	11月27日	50	50	0.07	0.07	5	5	0	10
-	11月28日	40	60	0.09	0.07	4	6	0	10
	11月29日	55	45	0.08	0.05	6	5	0	11
	11月30日	42	58	0.07	0.05	5	7	0	12

图16-9 公债利率期货的季节倾向统计。

17 套利交易

大部分的人都不了解期货套利交易，更不懂得其中的操作获利之道。少部分了解个中奥妙的人，则认为期货套利交易只适用于波段交易。事实上，当日冲销者也可以运用套利交易的方式操作，只要选择正确、善用我们曾介绍的指标，一样能有获利的空间。

所谓期货套利交易，简单地说，就是同时一手做多，一手做空。交易的标的可以是同一种商品，譬如做多六月活牛，做空十月活牛；也可以是不同的期货商品，譬如做多七月小麦，做空七月玉米。一般而言，不同期货商品的套利交易，较能为当日冲销者创造利润。

慎选交易商品

期货套利交易成功之道，在于慎选标的物。以下三点，即是选择的重点：

1. 选择波动性良好的期货商品　唯有价格活泼的商品，才能创造套利的空间。

2. 选择高价值的期货商品　以使一、两档的差价就能创造相当的利润。

3. 选择流动性充足的商品　能使进场和出场之际毫无困难。

操作之道

支撑与压力

当日冲销套利交易最基本的方法，即依据前一日的支撑与压力线，决定当天套利交易的买点与卖点。图17－1即依据此一原则，标示若干买点和卖点。

当日冲销套利交易，与其他种类的当日冲销一样，不论在何种情况下，都须在收盘前平仓出场。一旦留仓过夜，就与当初设定的目标全然不同。

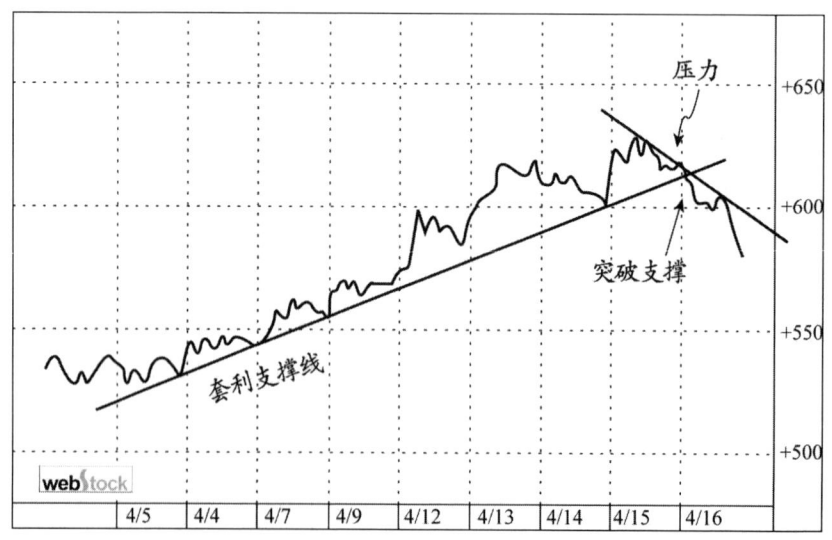

图17－1 运用压力与支撑线做当日套利交易。

运用30分钟K、D值

图17－1的价格图，如果配合我们在第五章所介绍的K、D值或KD斧指标操作方式，效果也很好。我们不妨检视图17－2和图17－3，利用K、D

值指标所显示的进场与出场信号。

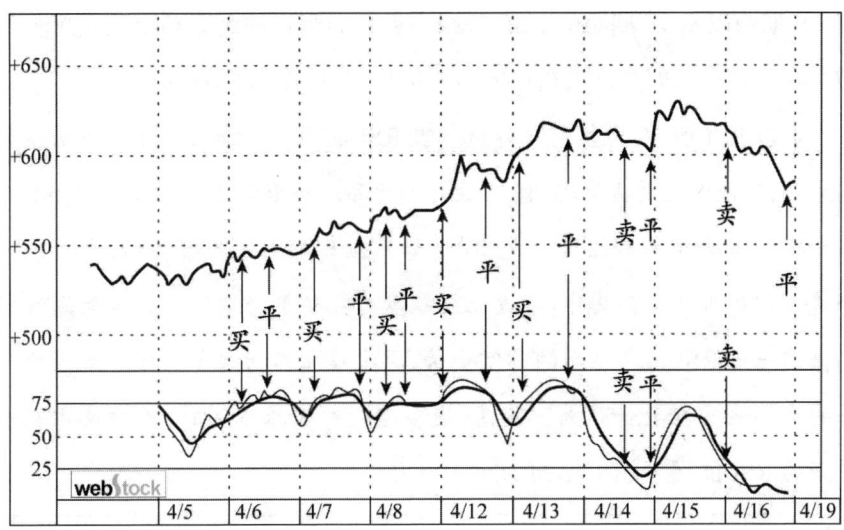

图 17-2 K、D 值与 KD 斧做当日套利交易。

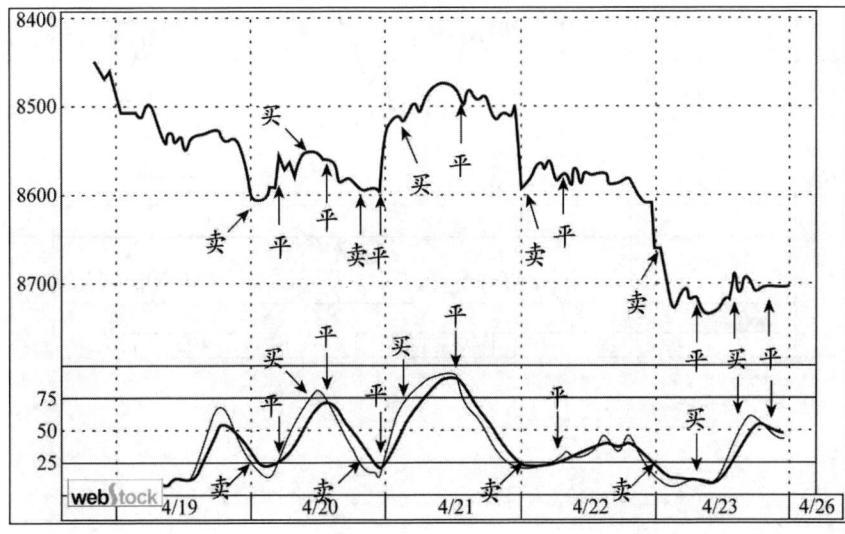

图 17-3 K、D 值与 KD 斧做当日套利交易。

运用 RSI

9 期距以及 14 期距的 RSI,是相当良好的当日冲销套利交易指标。图 17-4 至 17-7,即是这项指标的运用情形,其操作的原则如下:

● **以 RSI 值 50 为多空分界点** 当 RSI 在 50 以上时,适合做多头型套利交易,即做多远月期商品,做空近月期商品。当 RSI 由上而下穿越 50,必须马上将多头型套利组合平仓出场;如果当日时间还足够的话,则可以反手建立空头套利组合头寸;不过记得收盘前务必平仓出场。第二天则可以依循前一日 RSI 值所显示的多空走势,再次建立套利组合头寸。如果所操作的商品经常在 RSI50 上下震荡,使多空趋势暧昧不明时,不妨使用较长期距的 RSI 值,譬如 18 或 24 期的 RSI 值。

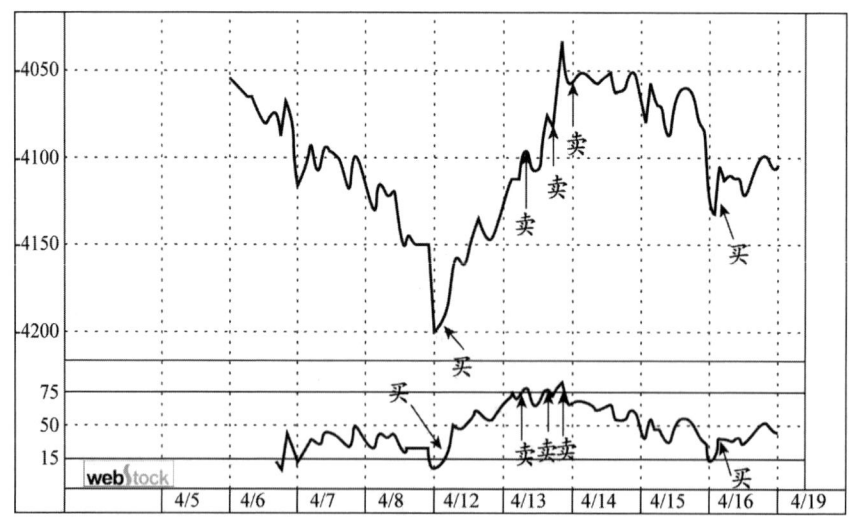

图 17-4 运用 RSI 指标做当日套利交易。

159/ 套利交易

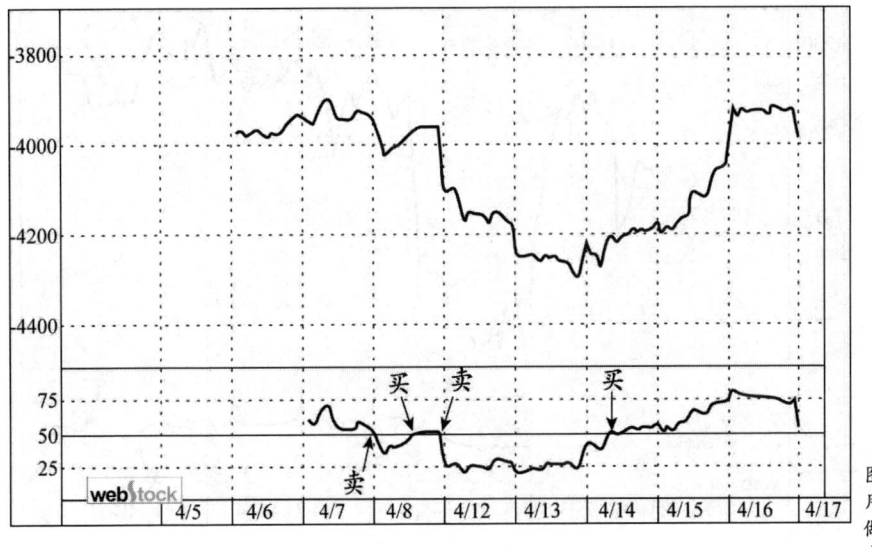

图17-5 运用RSI指标做当日套利交易。

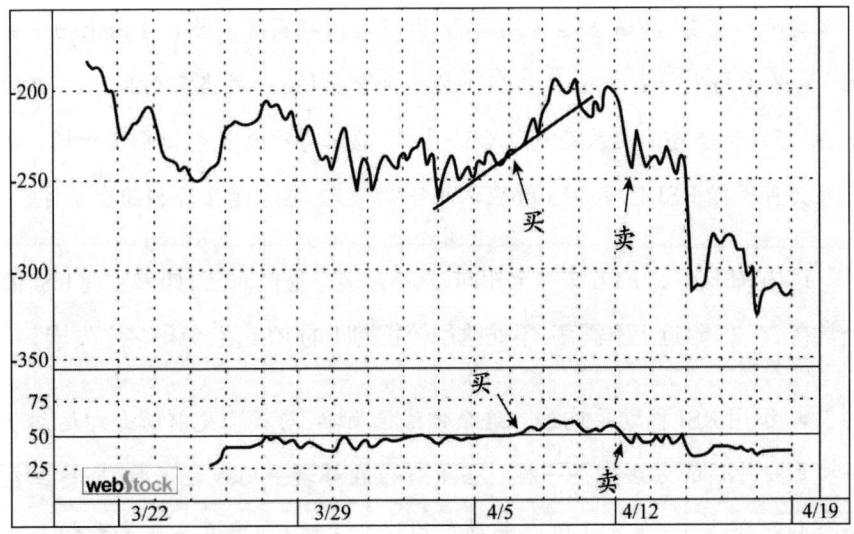

图17-6 运用RSI指标做当日套利交易。

图 17-7 运用 RSI 指标做当日套利交易。

- **以 RSI 值 25 或 75 判定为多空趋势** 当 RSI 在 75 以上时,适合做多头型套利交易,即做多远月期商品,做空近月期商品。当 RSI 由上而下穿越 75,必须马上将多头型套利组合交易平仓出场;如果当日时间还足够的话,则可以反手建立空头套利组合头寸,不过记得收盘前务必平仓出场。第二天仍可因循 RSI 值 75、25 所显示的多空状况,再次建立套利组合头寸。

运用 RSI 值 25 的方法完全相同,只不过多空易位而已。如果发现 RSI 值经常在 75、25 附近上下震荡,不妨改用较长期距的 RSI 值,免得多空失措。

- **运用 RSI 移动平均线** 这个方法很简单,与我们先前所介绍运用于一般当日冲销的方法完全一样。当 RSI 值在移动平均线之下时,即建立空头套利组合头寸;当 RSI 值在移动平均线之上时,即建立多头套利组合头寸。指标反转时,马上平仓出场,甚至反向操作。

保持敏锐的触觉

根据我多年的经验,当日冲销套利交易是一种保守型,但是成功几率很大的操作方式。选择波动性和流动性充足的商品,是操作成功的必要条件。交叉汇率显然是最合适的商品,谷物和肉品也很符合条件,其他如棉花、利率期货、贵重金属也可以一试。

最后,操作套利交易务必使用限价单。既是套利交易,价差必然有限,使用市价单无法确实掌握成交价格,将侵蚀原本有限的价差,就无法创造利润了。

18　系列终价指标

当日冲销的另一项有效指标，即系列终价指标(The Consecutive Closes System)，方法非常简单。对当日冲销者而言，交易所每一个交易时段所公布的收盘价，时隔太长，无法运用。每 5 分钟或 10 分钟的最后价格，即我们所谓的时段终价，才是我们据以判盘的数据。将一系列的 5 分钟或 10 分钟终价，综合观察以决定进出，就是我们所说的系列终价指标。

定义

系列终价指标的概念十分基本：某项商品的多头或空头走势一旦形成，聪明的投资人必须顺势而为。然而如何判别多头或空头走势却是一大难题，挑选进场的时点又是一大难题。运用系列终价指标即可以解决这些难题：

1. 当系列终价指标呈现连续上扬现象，表示多头趋势，可以进场做多。譬如我们观察连续 5 支 K 线的终价，如一支比一支高，多头趋势形成，即可进场。

2. 当系列终价指标呈现连续下降现象，表示空头趋势，可以进场做空。

图 18-1 和 18-2 显示这项指标的运用方式,图 18-3 和 18-4 则是实际的 5 分钟 K 线图所显示的系列终价指标运用方式。图 18-5 和 18-6 则是 10 分钟 K 线图的系列终价指标运用方式。

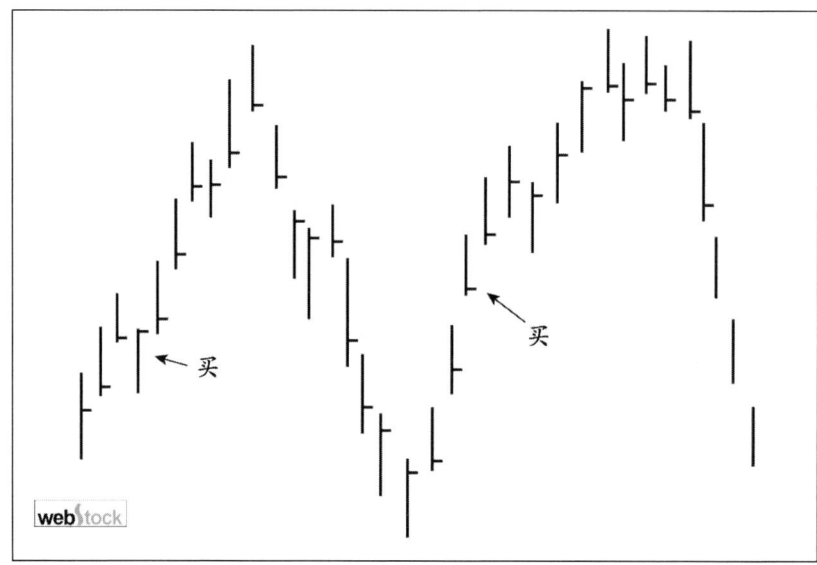

图 18-1 连续收盘价显示买进信号的基本图型。

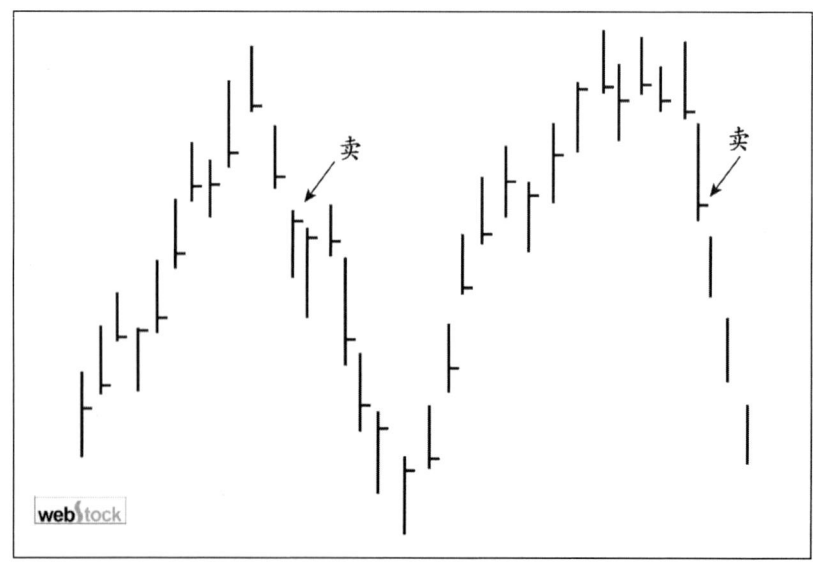

图 18-2 连续收盘价显示卖出信号的基本图型。

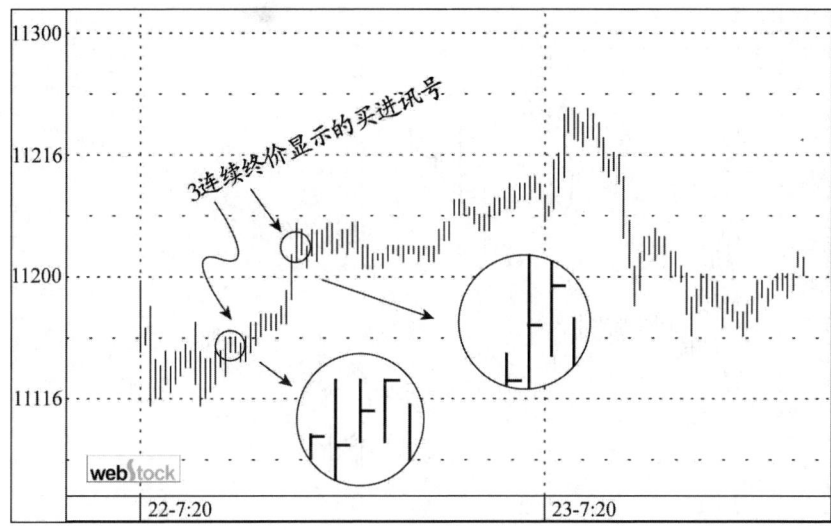

图 18—3 连续收盘价显示买进信号的基本实例,5分钟线图。

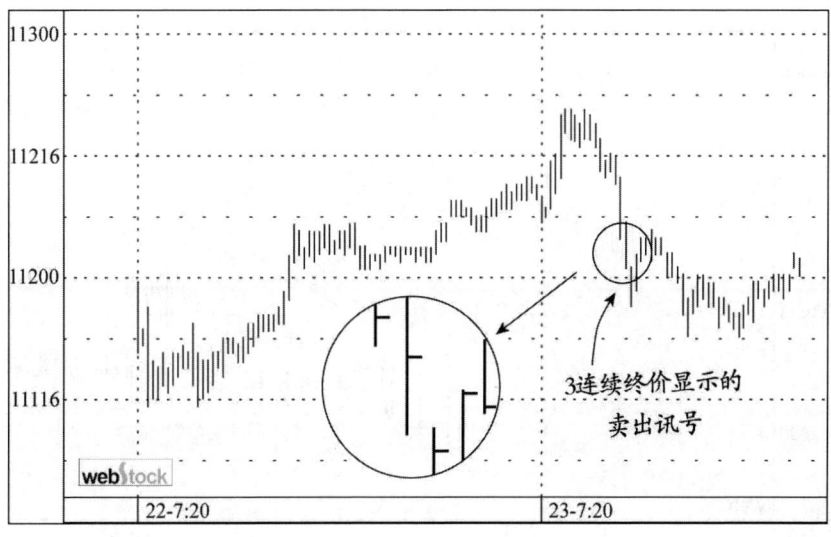

图 18—4 连续收盘价显示卖出信号的基本实例 5 分钟线图。

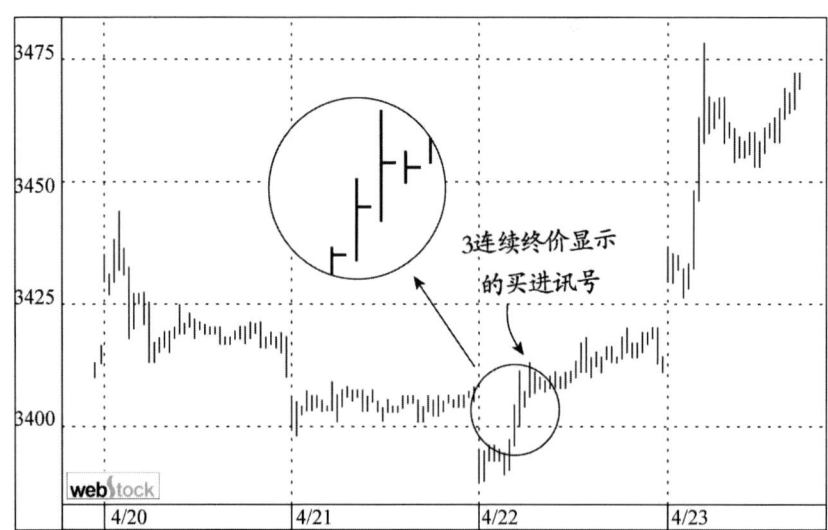

图 18-5 连续收盘价显示买进信号的基本实例,10分钟线图。

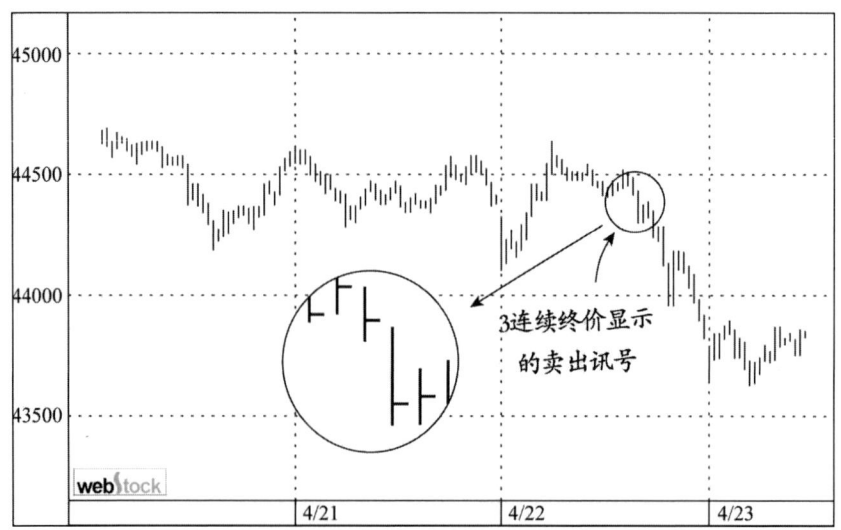

图 18-6 连续收盘价显示卖出信号的基本实例,10分钟线图。

操作方法

系列终价的进场时机、在所选定的系列数目,譬如连续 5 支 K 线收盘价都呈现上升或下降趋势时,必须马上进场。出场的时机则可运用下列三种方式:

- 预设出场价位　这个方法较稳当但常限制了获利的额度,聪明的投资人在掌握住一大段行情时,应尽量获利,不可痛失良机。
- 在收盘前或是在反转信号出现时,平仓出场。
- 运用跟踪止损法　随着商品价格的变动,逐步改变出场价位,以确实掌握利润。

结论

系列终价指标运用于短线交易或当日冲销非常有效,尤其是两、三天期的短线交易,更是获利丰厚。一般而言,波动性良好的商品较适合使用这种指标,而跟踪止损法更是确保获利的平仓方法。

19　市场心理

　　投资人的心态,也就是市场心理,可以说是期货短线交易最具关键性的因素。或许因为我以前是个心理医生,进入股票和期货市场以后,就对投资人的心理与涨跌之间的关系,产生浓厚的兴趣。多年以来,我曾经发表许多这方面的文章,认为市场心理确实与期货商品的涨跌有相关性。

　　根据我多年的观察,**如果大部分投资人都有同样的想法,认为盘势会朝某个方向发展,结果大都是错的**。我的意思并不表示大部分投资人的看法都错了,重点在于市场看法趋于一致时,只有极短时间这种看法有其正确性,随即将朝完全相反的方向发展。

　　我曾经尝试过许多方法,希望能将市场心理量化,以作为短线进出的依据,却尚未完全成功。住在加尼福尼亚州的厄尔·哈德迪(R. Earl Hadady),曾自己建立一套问卷调查,以测度市场心理。但是对一位当日冲销者而言,这份资料却不够迅速、即时。

　　厄尔的问卷调查对象,包括期货经纪人、专栏记者、市场专家,可以说是范围及为广泛。但是问卷发放以及回收,统计的流程,却使时效大打折扣。从1987年开始,我与几位志同道合的朋友,开始用一套自创的方法,汇集成每日心理指数(The Daily Sentiment Index),运用在短线交易上,很能得心应手。

市场心理的定义

简单地说,市场心理指一群特定人,对市场多或空看法的比例。当然,这群特定人必须与市场相关,我办公室的职员们每天都会打电话给这群特定人,搜集他们对行情的看法,而后汇整成总表来,即市场心理指标。这份指标,在芝加哥时间每天下午四时以前有效。

根据这份市场心理指标,我们可以了解市场人士对某项商品的多空看法。根据我们的经验,如果有90%的人对某项商品都认定将会有多头行情,则这项商品将在几天之内到达高点,随后反转。然而在这几天之内,短线却又高价可期。

高比率的空头市场心理也有同样的现象。当市场心理指标显示有八成五以上的人看空某种商品,这项商品大都会在一、两天之内到达新低点,而后反转向上。

短线运用

在期货市场里,投资人心理与商品价格一样,起伏不定,随时反转。统计资料显示,我们的问卷对象可能在前一日非常悲观,但却只因为任何一个事件,或政府公布的某项数字,即完全改变看法。因此,每日市场心理指标的效用,只限于非常短的时间。

每日市场心理指标,与本书中所讨论的技术指标配合使用,效果非常良好。

历史资料

5年来,Ｓ＆Ｐ500指数期货仿佛是一只沉默而耐力极强的公牛,虽然历经1987年、1990年两次大崩盘。事实上,5年来基本面所显示的空头信号不时出现,却仍然无法阻遏S&P500的长多走势。

根据我们的每日市场心理指标资料,从1987年以来,市场人士看多的比例高于九成,即表示头部就在附近;市场人士看多的比率低于一成五,即表示底部就在附近。这里所指的头部和底部期间很短,大约是二、三星期或几天而已。

当然,市场心理指标也有缺点,但是它有其他技术指标无法比拟的优点:市场心理指标是唯一的领先指标,其他的技术指标都属于落后指标。聪明的读者都知道,期货市场赚钱的秘诀,在于洞烛先机。**一种可信赖的领先指标,比一千种落后指标,对投资人的帮助大得多。能根据领先指标,比其他投资人早两天或两个小时采取动作,必能充分掌握获利契机。**

如图19－1所显示的S&P500指数期货以及每日市场心理指数的相互关系。表中市场心理指数超过90或低于10的时候,之后几个交易时段的走势,将提供交易获利的契机。

日期	DSI%	指数	日期	指数	结果
1987/10/19	7	201.5	1987/10/23	253	51.5
1987/11/4	4	250.15	1987/11/6	258.2	8.05
1988/3/24	10	264.1	1988/4/8	271.95	7.85
1988/3/25	9	257.75	1988/4/8	271.95	14.2
1988/7/12	9	269.35	1988/7/15	273.7	4.35
1989/9/14	9	348.3	1989/9/19	353.3	5
1989/11/3	10	339.4	1989/11/17	344.2	4.8
1989/11/6	5	333.4	1989/11/17	344.2	10.8
1990/6/19	5	363.6	1990/6/22	368.45	4.85
1990/6/20	8	364.4	1990/6/22	368.45	4.05
1990/7/23	6	357.8	1990/7/26	360.35	2.55
1990/8/16	9	331.75	1990/8/21	326.6	-5.15
1990/9/27	7	302.7	1990/10/2	323.5	20.8
1990/10/1	92	318.25	1990/10/12	297.5	20.75
1990/10/9	7	305.75	1990/10/22	318.65	12.9
1990/10/11	7	302.2	1990/10/22	318.65	16.45
1990/11/7	7	307.25	1990/11/14	323.75	16.5

1991/1/14	6	316.85	1991/1/17	339.5	22.65
1991/2/4	92	351.7	1991/2/6	353.5	-1.8
1991/2/5	93	355.6	1991/2/6	353.5	2.1
1991/2/13	93	373.1	1991/2/26	365.9	7.2
1991/2/27	93	372.3	1991/3/19	368	4.3
1991/3/5	93	380.8	1991/3/22	368.1	12.7
1991/3/26	92	379.7	1991/4/10	372.75	6.95
1991/4/16	90	389.15	1991/4/30	374.2	14.95
1991/4/17	92	392.15	1991/4/30	374.2	17.95
1991/5/15	7	369.65	1991/5/31	391	21.35
1991/5/30	91	387.5	1991/6/12	374.2	13.3
1991/6/12	5	374.2	1991/6/14	382.9	8.7
1991/6/24	7	373.5	1991/7/2	380.9	7.4
1991/7/31	92	388.4	1991/8/6	385.2	3.2
1991/8/16	10	386.85	1991/9/3	398.6	11.75
1991/8/19	8	378.85	1991/9/3	398.6	19.75
1991/11/19	8	380.95	1991/11/21	382.15	1.2
1991/12/26	93	407.25	1992/1/2	413.8	-6.55
1991/12/31	93	419.7	1992/1/13	416.45	3.25
1992/3/5	8	408.85	1992/3/19	412.5	3.65
1992/4/8	8	395.25	1992/4/16	417.3	22.05
1992/5/4	94	416.5	1992/5/15	410	6.5
1992/6/22	6	405	1992/7/2	417.2	12.2
1992/10/2	7	409.9	1992/10/20	418	8.1
1992/10/7	8	403.75	1992/10/20	418	14.25
1992/10/9	4	403.1	1992/10/20	418	14.9
1992/11/2	96	422.05	1992/11/5	415.7	6.35
1992/11/11	90	422.55	1992/11/17	418.05	4.5
1992/11/24	91	428.1	1992/12/1	428.7	-0.6
1992/12/1	96	431.1	1992/12/4	429.55	1.55
1992/12/4	92	433.55	1992/12/16	431.4	2.15
1992/12/7	93	436.1	1992/12/16	431.4	4.7

图19—1 1982至1993年间，当日心理指标达臻顶点和底点的交易。

市场心理、头部、底部

市场心理指标的最大效用，在于检视其他技术指标的正确性。首先，我们来看看市场心理指标与头部、底部的关系。

图19-2显示理想型的市场心理指标与头部、底部的关系。从图中我

们可以看出来,市场心理指数与商品行情有正相关性。当商品价格往上扬升,市场心理指数也同步扬升;当商品价格往下滑落,市场心理指数也同步下滑。

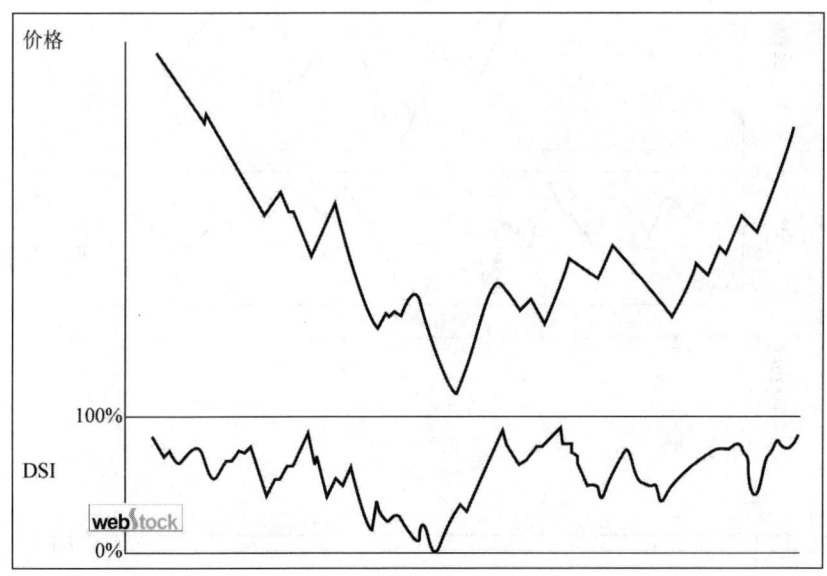

图19—2 价格趋势与当日心理指标的理想模式。

图19－3则显示市场心理指标、头部与底部的理论关系,图19－4至19－6则是实际的例子。我们可以看到,当市场心理指标高于90时,头部就在附近;当市场心理指标低于15时,底部就在附近。

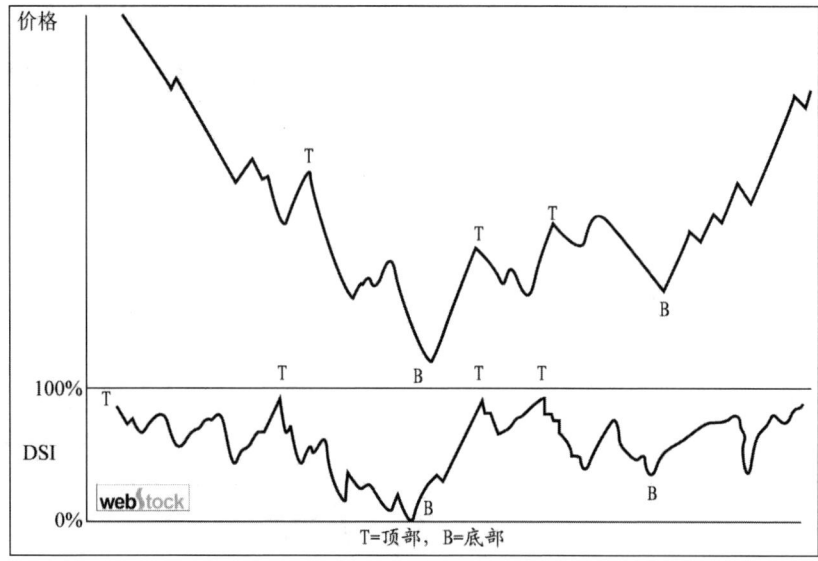

图19—3 当日心理指标与波段高低点的理想模式。

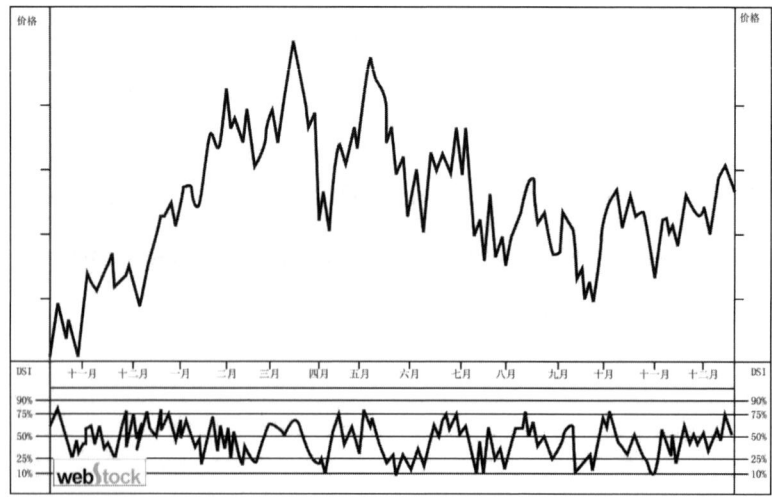

图19—4 当日心理指标与商品价格走势关系图。

175/ 市场心理 | 19

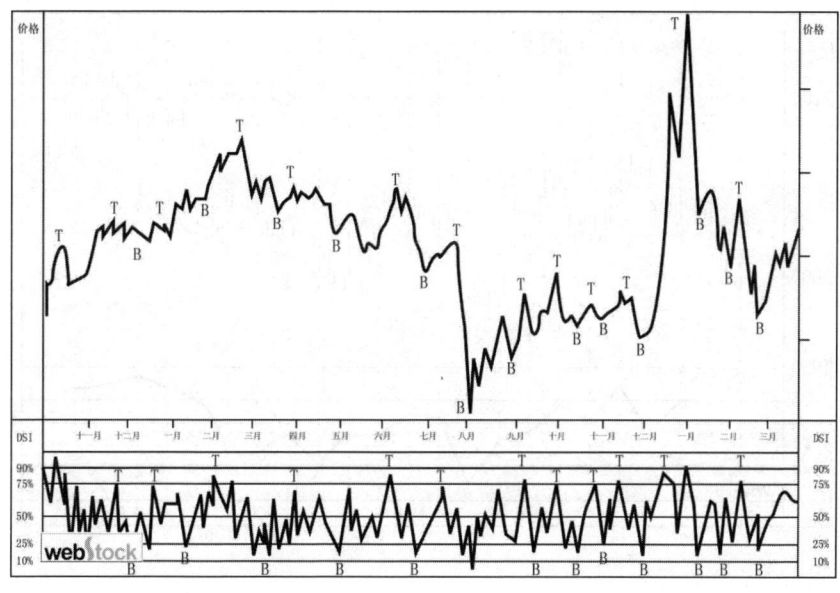

图19—5当日心理指标与商品价格走势关系图。

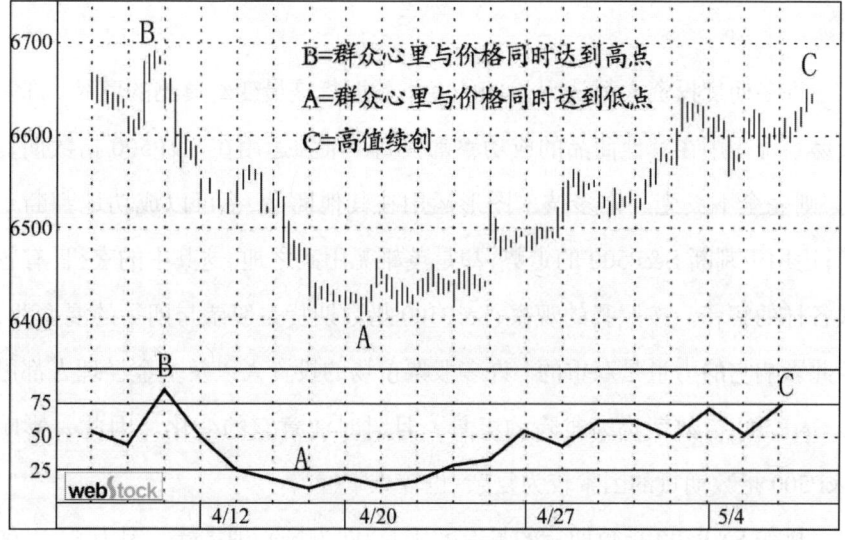

图19—6a当日心理指标与商品价格走势关系图。

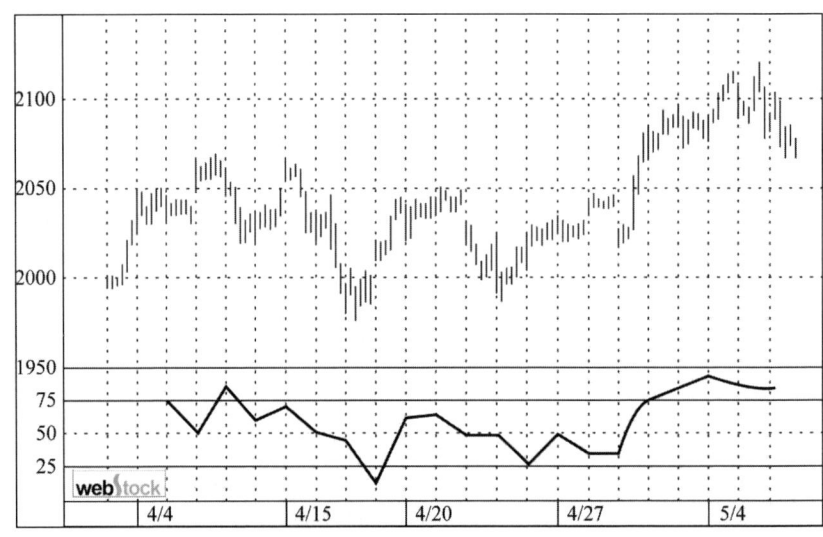

图 19-6b 当日心理指标与商品价格走势关系图。

配合其他技术指标

许多期货投资人都认为,S&P500指数期货是最变幻莫测的商品。许多交易系统运用在其他商品的成功率都很高,唯独运用在S&P500指数期货时,则完全不灵光。许多技术图形运用在其他商品,都可以成功地判断走势;运用于判断S&P500的走势,却是英雄无用武之地。这其中的玄机,有各式各样的解释。按照我的观察,S&P500指数期货是股票与期货的混血儿,因此影响它的力量是双重的。许多股票市场的投资人以及基金经理人都可以S&P500指数期货为避险的工具,且时时注意它的变化。因此,影响S&P500指数期货的因素较为复杂,也较难掌握。

操作S&P500指数期货的最有效工具,即市场心理指标。因为S&P500指数期货的流动性充足,参与份子多元化(包括股票与期货投资人、专业经理人),每档的价格高。这些复杂的因素,使市场心理指标成为操作S&P500

指数期货的最佳依据。最有效的办法,则是使用一般的指标,再用市场心理指标判断技术指标的正确性:

- **跳空缺口** 我最喜欢的联合运用法,即市场心理指标与跳空缺口两相合用。市场心理指标达到高点或低点时,通常也是跳空缺口最容易形成的时机。因此,当市场心理指标低于15,且商品价格开盘时形成向下跳空缺口时,显然是最好的进场做多时机。当市场心理指标高于90,且商品价格开盘时形成向上跳空缺口时,必是进场做空的最好时机。

- **移动平均区间** 当市场心理指标处于高档,在移动平均区间的高值线附近做空,风险很小;当市场心理指标处于低档,在移动平均区间的低值附近做多,获利可期。

- **KD斧** 运用KD斧时,市场心理指标可以用来防止骗线的发生。当KD斧指标显示买进信号,但市场心理指标高于90时,最好暂时观望。当KD斧指标显示卖出信号,但市场心理指标低于15时,最好也不要轻举妄动。

- **转折指标** 市场心理指标与转折指标联合运用,缺乏实际的例证可以支持。理论上,当转折指标出现做空信号,且市场心理指标处于高值,可以放心做空。当转折指标出现做多信号,且市场心理指标处于低值,可以放心做多。

- **振荡指标** 市场心理指标还可以与振荡指标一同使用。当市场心理指标处于高档,振荡指标发出的买入信号较不可信,而卖出信号则可能捕捉到大段跌幅。反之,当市场心理指标处于低档,要小心卖出信号,而买入信号则比较准确,因为市场很可能向上翻扬。

综合所述,市场心理指标可以说是各种技术指标的过滤器或加强剂,使操作更得心应手。市场心理指标的波动幅度很大,正足以表明投资人的临场心理以及各种新闻事件的反应。而市场的波动,也正足以代表群众心理的起伏。所以我建议当日冲销的投资人,务必掌握市场心理的脉动,才能确实掌握商品行情的涨跌,创造获利契机。

20 转折点

我在 1970 年代末期发展转折点 Critical Time of Day 的理论，使用迄今，确是一项简单且运用容易的操作方式。转折点所运用的资料，必须每 5 分钟记录一次行情，因此只有细心且耐心的投资人适用于这种方法。

基本上，转折点理论是一种操作方法，不是一种交易系统，运用每 5 分钟终价所构成的图形，判断进场和出场的时机。

基本理论

转折点的理论和运用方式如下：

- 将某种期货商品每 5 分钟的终价，连续记录两小时，然后将这些终价连接成图 20—1 及图 20—2 的曲线。
- 两个小时的每 5 分钟终价资料汇集完成后，立刻标定其最高点及最低点。
- 其后的 5 分钟终价若超过先前两小时的最高点，立刻以市价进场做多，并在先前两小时的最低点处设置止损单。
- 若其后的 5 分钟终价低于先前两小时的最低点，立刻以市价进场做空,并在先前两小时的最高点处设置止损单。

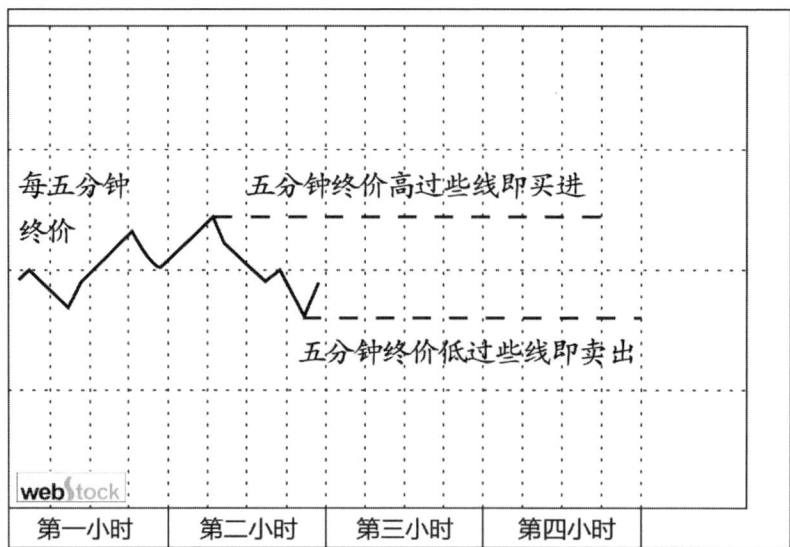

图 20-1 首 2 小时收盘价连线图的理想模式

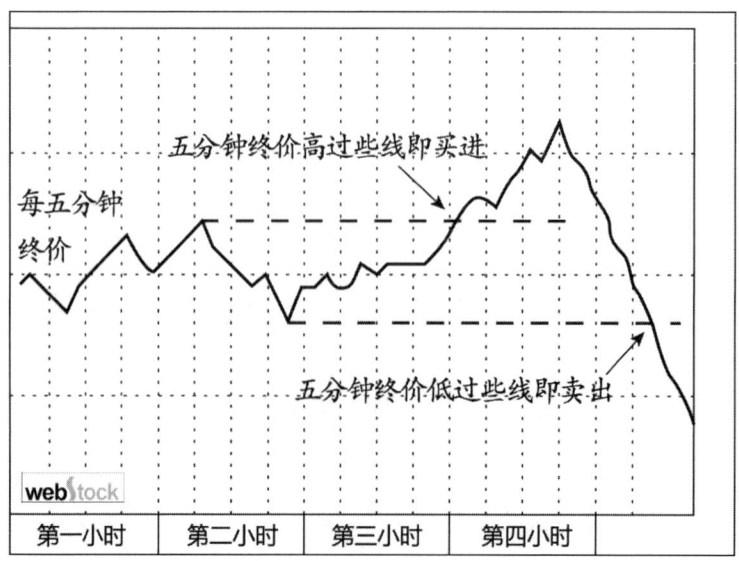

图 20-2 运用关键点技术指标显示的买进和卖出信号。

- 进场做多后,若行情往上扬升,可以再次选择前一小时的最低5分钟终价,提高止损单的价位。

- 进场做空后,若行情往下滑落,可以选用前一小时的最高5分钟终价,逐步降低止损单的价位。

- 也可以视自己可以损失的程度,设置止损单的价位。

- 如果当日止损单都未被触及,务必在收盘前平仓出场。

图20-3至20-5即是这些操作方法的实际图示。

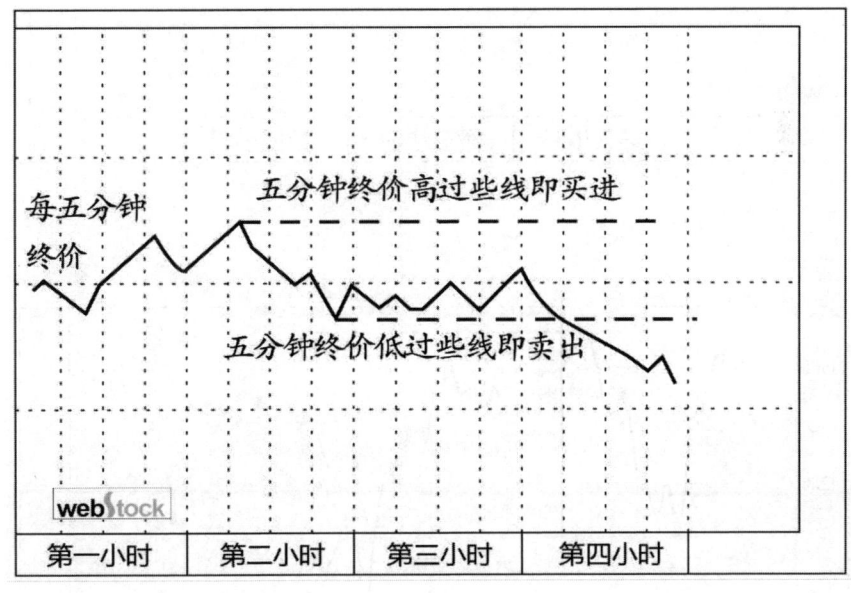

图20-3 关键点技术指标显示卖出信号。

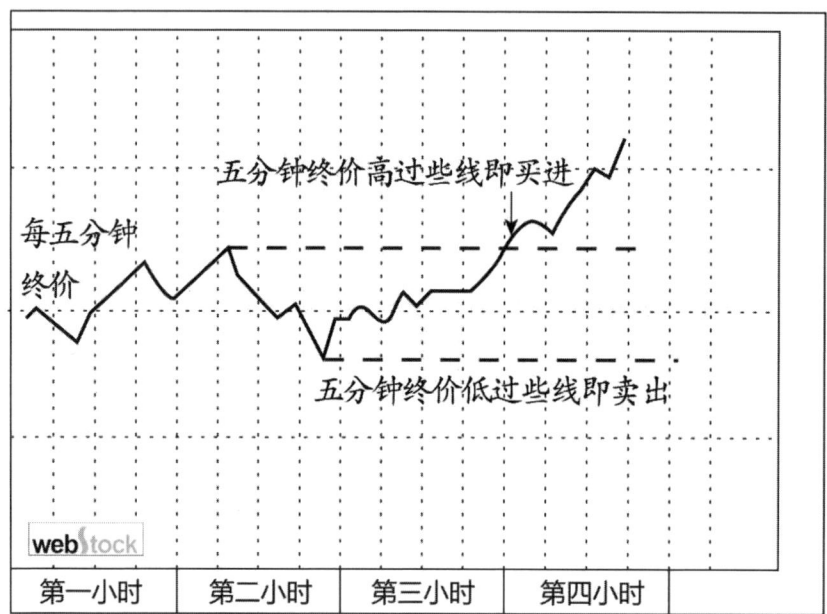

图 20—4 关键点技术指标显示买进信号。

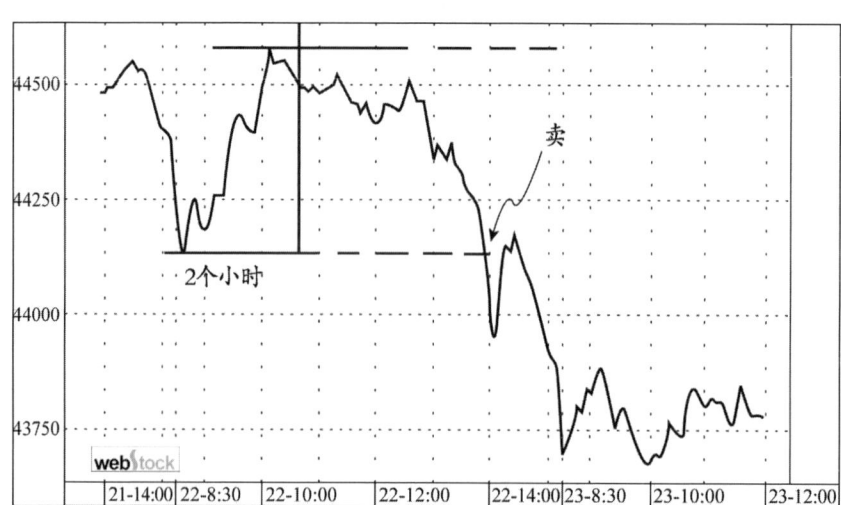

图 20—5 运用关键点技术指标的实例。

几点建议

- 转折点操作法适于运用在波动较大的商品,如S&P500、外汇期货、利率期货商品等。这些商品不可能一年四季都有足够的波动性,然而相较其他的商品,却显然较为活跃。

- 进场建立头寸后,务必设置止损,且随时调整止损单的价位。一方面得以避免大幅度损失,且押对宝时,可以掌握一段涨幅,并确保获利。

- 视商品行情的不同,操作资料的期间,可以缩短为一小时或一个半小时。投资人可以根据自己的经验和历史资料调整。

- 运用建立数个头寸的方式,可以让你的操作更灵活。譬如进场时一次做两手,当有赚头时先平仓一手,另一手则以设置止损单的方式出场。

- 依据转折点法可能在盘中出现进场做多点,或进场做空点。不过有时候,也有可能一整天都不出现进场信号。

21　整合要素

以上林林总总，介绍了许多技术指标、操作方式，以及进场、出场的各种细节。现在的问题是，如何将这些总结成当日冲销获利的操作策略？问题很简单，答案却很复杂。事实上，每一个投资人的智慧、能力、财力、个性以及耗费在期货市场的精力各自不同，因此想要设计出一套放诸四海而皆准的操作策略几乎不可能。反倒是各个投资人依据自身的状况，拟具适合自己的操作策略，才是长久之计。不过我仍然愿意根据我多年的期货市场经验，提供一些建议。这些建议，不保证绝对有效，何况期货主管机关也不准许任何保证获利的建议。但是基本的操作哲学却是不可欠缺的获利基础：

如果你娴熟某种技术指标和操作策略，且能始终一贯地执行，并随时有接受损失的心理准备，必然能获利丰盈。

读者们如果能谨记这个大前提，在参考下列的要领，当可按部就班，打开获利之门。

审视自己的条件

倘使你已经是一个进出频繁的当日冲销者，却对自己的操作成果不甚满意,我建议你不妨暂停交易,仔细思考本书所介绍的各种指标和方法。相信这些内容,不仅仅养成逻辑思考能力,更能增进操作技巧。譬如,你有正常工作,无法紧盯行情,则我们所介绍的各种操作方式,除了开盘跳空缺口以外,几乎都无法适用。倘使你有足够的时间可以紧盯行情,则不妨选择KD指标或压力支撑线指标来操作,并在电脑软件上设置警示,当技术指标出现进场或出场信号时,电脑自动警示作响,即可决定是否应采取行动。

每天做功课

有些投资人习惯在收盘后马上做功课,有些人则喜欢在早晨所有资讯都已齐备时,再花时间研究。其实何时做功课并不重要,重要的是进场前必须有充分的准备。就个人经验而言,几次损失最重的交易,都是因为没有做好准备,临时起意的后果。

对使用开盘跳空缺口技术指标的人,准备工作相当容易,只要每天收盘后,从行情表中找出收盘价相当接近当天最低价或最高价的商品,再筛选出波动性大、流动性充足的股票为交易标的。第二天开盘,再观察所挑选的标的是否符合开盘跳空缺口的条件,以决定是否进场。挑选交易标的千万不能预设立场,有些脚步蹒跚,盘整已久的商品往往在跳空缺口发生之日,开始一段大行情。

运用压力与支撑技术指标,也必须事前做好准备工作,将线路图画好,以免临场手足无措。

重视消息面因素

许多当日冲销者喜欢随着利多利空消息起舞,我却宁愿等到市场情绪已经平稳时,再看情形进场,我认为一项重要的消息发布时,必须至少等上一小时,让所有参与交易的人都以实际行动表达他们对这个消息的反应后,才是观察行情的客观时机。尤其是在重大新闻发生日,收盘前一、两小时的走势,对以后数日的行情,最有影响力。

逐笔记录交易情形

我这辈子最后悔的事,就是在我初进期货市场时,没有清楚地记下交易的情形,否则我现在会更富有。积极的交易人,应该随时检视自己已下了哪些单子?哪些已成交?目前手上还有哪些头寸。实际交易时,错误在所难免,而未及时补正的错误,通常会造成巨额损失。

我建议当日冲销者使用交易所提供的成交记录表,或绘制如图21－1的表格,或在电脑上自行绘制表格。

多/空	市价	进价	实际成效委托单	卖	损益	备注

图21－1 交易记录表格的样式。

不论使用何种表格,务必要能发挥管理买卖记录的功能。当委托单成交时,记录下成交价格;取消委托时,务必划去并注记。最重要的一点,每次委托时,务必请经纪人给你委托单编号,之后所有的成交回报、取消、查询,都将以委托单编号为准,才不会产生错误。

此外,记下每笔委托单交付的时间,也非常重要。这个动作看起来非常琐碎,但是当错账发生或与经纪人有所争议时,这项时间记录就是保护自己的最有力工具。

每天开盘前,务必仔细检查自己还有多少留仓头寸,以及这些头寸的原始价格。盘中还须不断地检查自己已建立多少头寸,所有头寸务必在收盘前平仓出场。

下单迅速而正确

进场前,务必确定自己已熟悉各交易所的各种下单方式,且熟悉业界的术语,确定自己所用的语句和术语,经纪人能确实了解。接获成交回报时,有疑问必须马上查询。任何交易时的疑点,未能及时澄清,最后都将付出昂贵的代价。

避开市场杂音

当日冲销者,最容易接触到市场中的耳语和纷至沓来的传言。通常,依据这些杂音进出的后果,只会造成损失和懊悔。或许有一些当日冲销者经由阅读刊物,注意盘中资讯,或根据经济公司所提供的行情分析,因而操作获利。但是根据我个人的经验,宁可相信技术指标,也不愿随着市场杂音进出。

落实交易日记

这几年来,在期货市场中对我助益最大的,莫过于每天写交易日记。我认为交易日记对所有的当日冲销者,尤其是新踏入这种交易方式的投资人,都是一项犀利的工具。交易日记的内容,包含当天所有的交易纪录,每一次进场的原因,每一次出场的原因,以及其他任何影响进出的因素,包括情绪因素在内。每天收盘后,即详细记录,持之以恒。每天开盘前,将交易日记细读一遍,成功的例子,百尺竿头,再进一步;失败的例子,提醒自己切莫重蹈覆辙。交易日记,将会成为指导你进步的最佳工具。

22 克服当日冲销的心理障碍

在期货市场进行交易，不论是波段操作、短线交易，或当日冲销，所有投资人最难克服的，就是自己的心理障碍。我自1968年进入期货市场，之前的职业是个心理医师。当我在市场中见到投资人常常自限于心理障碍，无法创造佳绩，实在遗憾之至。1980年，我将这些现象编写在《投资心理学》（The Investor's Quotient）一书中，出版后屡创销售佳绩。可见许多期货市场的投资人，确实了解自己有不可克服的心理障碍，且力求突破。

或许有些投资人不同意我的看法，但是我认为本章才是这本书的精华之处。忽略掉这一章，很可能是你从事期货交易最大的错误。

所有的期货投资人中，当日冲销者是与市场维持最短暂关系的一群。有些人认为当日冲销是相当投机的行为，我认为这种看法很不公平，而且是一些不敢或没有能力进行当日冲销的投资人嫉妒之词。事实上，当日冲销者站在极其有利的地位，他们了解自己的极限，在一日交易中，寻找目标，评断时机，准确地扣发板机，而后收获猎物。这些描述虽然很市侩，却是当日冲销交易的实际情形。

当日冲销是众多期货交易方式的一种，有它独特的心路历程。一个成功的当日冲销者，必须坚守原则、有效率、适应力强、耐力够，才能获利致胜。

成功当日冲销者的修养

成功的当日冲销者必须具备几项特质，其中最重要的，就是专业修养。我所谓的专业修养，包括许多方面：

- 专业修养不仅指一个当日冲销者能设计出一套操作策略，持之以恒地秉持为进出原则，且能适时地发现所使用的操作策略已不合时宜，毅然舍弃、再创新操作策略。
- 专业修养的当日冲销者，在建立头寸后，必有充足的耐心，让价格朝自己推算的方向移动；遇到反向而行的情形，更要有足够的耐心，等待行情翻转向原先推算的方向。
- 有专业修养的当日冲销者，必能坦然接受失败，再次面对挑战，勇敢进场。
- 有专业修养的当日冲销者，必不会相信市场耳语，更不会随着利多或利空消息的发布，冲动进场。
- 有专业修养的当日冲销者，必然不会贸然操作超过财力能力的头寸。
- 有专业修养的当日冲销者，必然在盘中一丝不苟地观察且计算所使用技术指标的数据。
- 有专业修养的当日冲销者，必然愈战愈勇。只要市场存在一天，不论你以往的交易成果是盈、是亏，或已使你倾家荡产，都仍有勇气回到交易场中。

以上林林总总，可见专业修养不只是专业技术，或许我们分别由各个角度来说明，更为贴切：

坚守原则

任何操作期货的方式,包括当日冲销在内,都必须具备在逆境中坚守原则的能耐。市场必然多空交错,操作策略也总是顺逆交替。大有斩获的胜利,总是在历经一连串失败之后,才得以获得。因此当日冲销者,必须在既定的时间段内,坚守一套操作策略。太早放弃的投资人,永远等不到胜利的机会。屡败屡战却仍不知检视操作策略是否不当的投资人,也终将一无所有。可见坚守原则固然重要,适时检视所秉持的原则是否正确,也相当重要。

如何达臻坚守原则的修养?答案很简单,就是坚守原则,一旦采行某种操作策略,必定给予一段时间,按照这套策略操作。通常,忍受一些小损失之后,这套操作策略必然能带给你胜利的战果。倘使你这套策略最后证明无法获利,至少你已学得坚守原则的修养,具备了当日冲销者的必要条件。

如果拿坚守原则所遭致的败绩,与随性进出的损失,或不坚守原则所造成的损失相比较,当会发现坚守原则所付出的代价要小得多。更重要的是,坚守原则尝到败绩时的心理调适较为容易,较不容易沮丧、失望、茫然不知下一步该怎么走。

当机立断,接受失败

期货投资人最容易遭致重大损失的情形,大都因为不能当机立断,接受小损失,使伤口愈裂愈深,终于造成重创。

当日冲销者必须在收盘前平仓出场,倘使不能当机立断平仓出场,顶多再损失收盘前的差价,这一点可比波段投资人负担较轻。然而按照我的观察,当日冲销者的巨额损失,有七成五都是不肯在止损点时认赔出场。

下列四点建议,是我认为可以增进当机立断,认赔出场决断力的方法:

1.将设置止损的方法,写成铭语。不论使用任何一种技术指标设定止损,用较大的字体写在卡片上,贴在电脑显示器上、电话话筒上,时时提醒自己，务必执行止损指令。

2. 强迫自己在未来的 10 笔交易中，务必执行止损。经过多次执行，下达止损指令给经纪人将会变成习惯成自然的行为。

3. 让你的经纪人知道你进场建立头寸时，已设置止损，且敦促他提醒你执行止损，或授权他替你执行止损。

4. 建立头寸以后，马上递进止损单，且绝不取消。

避免浮滥进出

许多当日冲销者倾向于每天做交易，一天不进出个一两次，就仿佛当天没吃饭一样，浑身不对劲。事实上，有许多交易日行情平稳，根本没有当日冲销的获利空间。投资人如果不想浪费无谓的手续费，就不应该在这些日子里浮滥进出。

当冲者最常犯的毛病，即"寻觅标的物症候群"。你是否曾经发现自己枯坐在电脑终端机前，没有交易可做，觉得无聊之至，手指随意拨划键盘，希望能找到一项可以冲一下的商品。倘使你发现自己有这种症状，这很可能是大麻烦的前兆。事实上，按照我们的各种技术分析方法，经常会发现当日冲销的标的。不过也会有些日子，市场陷于盘整，毫无当日冲销的标的，你却仍斗志旺盛地猛按电脑键盘，希望平常波澜不起的橘子汁期货或白金期货或许有当日冲销的机会。通常，为了当冲而冲的交易行为，最后都会造成金钱损失和精神沮丧。所以，在当日冲销无法施展身手的日子，不妨冷静旁观，不做无谓的进出。

专注于少数商品

当日冲销是一种相当耗费时间和精力的工作。我们所介绍的各种操作方法，除了跳空缺口法以外，都需要全神贯注地紧盯盘面，逐笔记录。如果当日冲销者同时操作数种商品，难免分散注意力，造成闪失。我认为当日冲销者所操作的商品,最好不要超过三种;而当日冲销的新人,最好只操作一种商品。

适于新进入市场的当日冲销者,莫过于外汇期货、S&P 500 指数期货、利率期货等,至于贵金属、黄金、原油等商品,只有在特定情况下,才能做为当日冲销的标的。投资人选择标的时,务必等到某项商品的流动性与波动性都充足以后,再伺机介入,较为恰当。

准备充裕资金

有些投资人在期货市场交易时,宁愿做当冲交易而不愿意波段操作的原因,是因为当冲所需的资金较少。这种说法确实言之成理,当冲的保证金比留仓的头寸要少得多。但是换另一个角度来看,做任何生意都需要本钱,如果没有足够的资金来应付可能的风险和损失,未成功先成仁,永远失去在期货市场赚钱的机会,未免可惜。

善用新闻

许多投资人都知道,随着消息进场或出场,常会造成损失;然而有些投资人则认为,善用新闻,可以创造利润。期货市场流行一句名言:听到谣言时买进,谣言成真时卖出。以一天为期的盘势波动而言,小道消息和新闻事件对行情的影响很大。消息灵通的人,往往能由各种管道获得种种谣传,这些谣传并非空穴来风,经常会在稍后证实。消息灵通人士即在获知谣传时进场,等到消息一获证实,行情必随之攀升或急坠,马上可平仓获利。

因此,当日冲销者遇到利多或利空消息,应秉持反向操作原则。当利多消息传遍市场,行情急遽走场,正是多头头寸获利出场的时机;当利空消息获得证实,行情大幅滑落,正是空头头寸获利平仓的最好时机。

紧盯利润

当日冲销者最大的目的,是每天都能从交易中获利。因此一旦进场建立头寸以后,当日冲销者必须随时计算自己的获利和损失,以便随时出场。根据我多年的经验,唯有随时将每日获利目标化为具体数字的当冲者,更容易每天都获利。而使用跟踪止损法,即随行情的升降,改变止损单的价格,以锁定利润,更是最好的持盈保养方法。

运用市场心理

我们曾经讨论过运用反市场心理,创造当日冲销获利的机会。在期货市场获利的最大契机,即是掌握高峰与谷底,而市场心理正是峰顶与谷底的最佳指标。与处理突发性新闻一样,当日冲销者应秉持反向操作原则。当大多数人都看多的时候,应该立即出脱手上的多头头寸,并反手做空。当大多数人都看空的时候,应立即了结手上的空头头寸,并反手做多。

结论

一个成功的当日冲销者必须具备许多特质,我们以上所讨论的,不过举其大要。读者们若肯花费时间,努力学习这些特质,成功的机会就很高了。根据我的观察,赚钱与赔钱的当日冲销者间的差异,在于他们的人格特质与技术分析的良窳,至于使用哪一种操作程序,却没有多大的差别。

当然,使用一套好的操作程序,对当日冲销有很大的助益。但是,一套再好的操作程序,到了一位毫无专业素养的当冲者手上,却彷佛是一只专门损耗金钱的怪兽。因此,进场之前先加强自己的专业素养,显然是绝对必要的步骤。

23　24 小时交易的冲击

欧洲各国期货交易所日渐热络的市况,以及 24 小时交易的全球电子下单暨撮合系统 Globex,已对美国期货市场产生巨大的冲击。许多当日冲销者担心新撮合系统是否会影响沿用已久的程序、操作技巧以及操作程序。其实,兵来将档,水来土掩。当冲者只要调整自己的脚步,就可以适应这股新潮流。下列三点,是我个人的浅见:

1. 首先,我所指的欧洲市场,是指伦敦期货交易所 LIFFE 和巴黎期货交易所 MATIF。我们所讨论过的技术分析方法和操作方式,大都能应用在这些市场里的商品,图 23-1 到 23-5,即是这些技术指标运用在各种商品的实际例证,显然相当有效。

2. 全球 24 小时交易的美国期货市场商品,如外汇期货、S&P 500 指数期货、利率期货,则必须省略掉它们使用全球电子下单暨撮合系统时段内的资料。根据我的经验,这个时段内的交易价位,只会使我们更加紊乱,倒不如完全省略。

3. 全球电子下单暨撮合系统,使全世界各地的投资人,天涯若比邻。而世界上每一个角落所发生的事件或消息,对美国期货市场的影响也与日俱增,行情波动的机会增加,幅度也更大,创造当日冲销者更大的获利空间和获利机会。因此,24小时交易,对当日冲销者而言,是转机而不是危机。如何在变动中掌握机会,就靠投资人自己了。

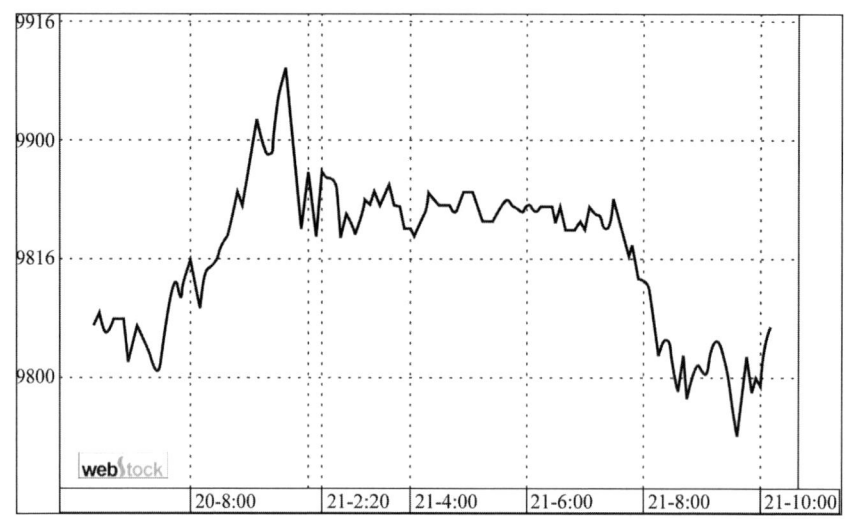

图23-1 关键点技术指标的运用,九月黄金。

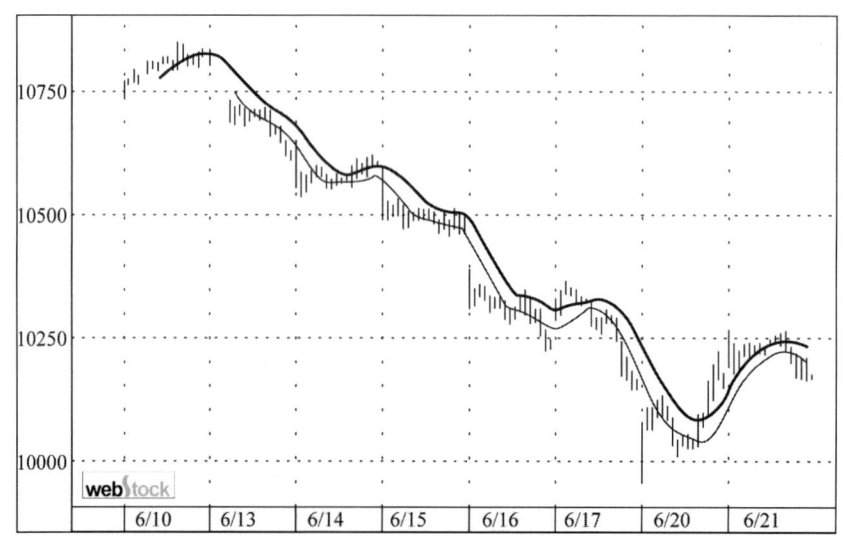

图23-2 10:8移动平均区间线与商品价格走势图,30分钟意大利里拉线

197/ 24小时交易的冲击 |23

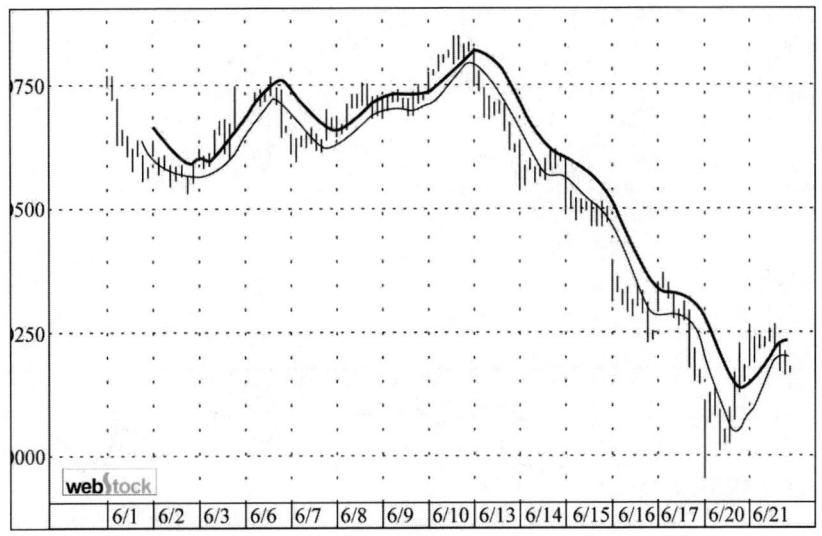

图23—3 10:8移动平均区间线与商品价格走势图,60分钟意大利里拉走势图。

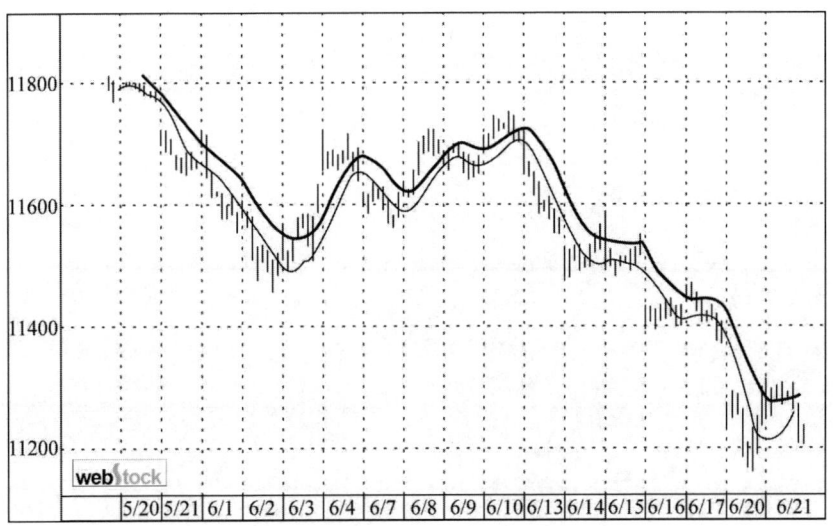

图23—4 10:8移动平均区间线与商品价格走势图。

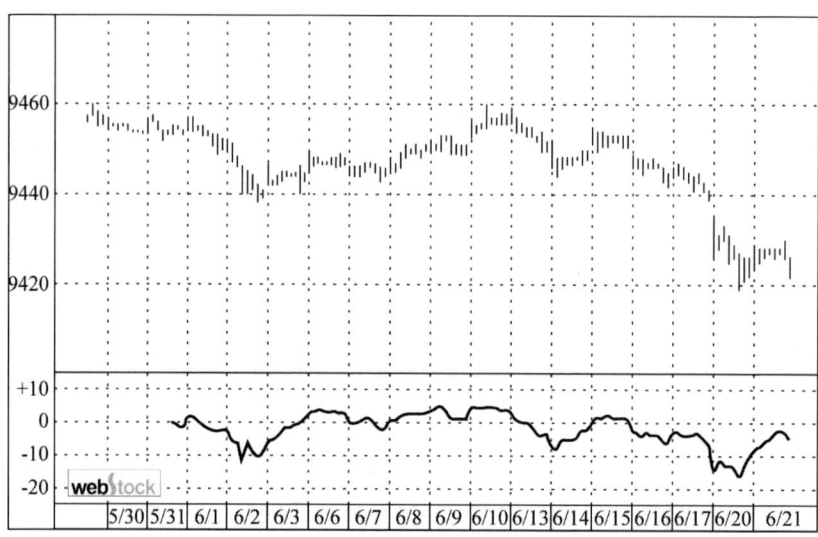

图23-5 1:18开盘价格指标与分期货价格走势图。

24　掌握成功之钥

成功的期货投资人，尤其是成功的当日冲销者，确有他们令人钦佩的一面，也就是他们专业素养的修为。我们将这些素养，归纳成20项当日冲销成功之钥：

1. 为自己定位　当日冲销者可以交易的商品很多，可以依据的技术指标很多，可以运用的操作方式更多。成功的当日冲销者，必须选择少数几样商品，选择一、两种技术指标，选择单一操作方式，才能经常获利。譬如，操作S&P 500指数，运用开盘跳空缺口法最为合适。操作公债利率指数期货，则依据压力与支撑指标，运用抢帽子的方式最为适当。总之，选定商品、技术指标、操作方式，持之以恒实际演练一段时间，必然会有所成。

2. 勿急功躁进　许多期货投资人，尤其是当日冲销者，习得一种技术指标或操作方式后，就彷佛自己是拜师学艺下山的武林新秀，亟待一展身手，结果却弄得鼻青眼肿，旋即失去斗志。

事实上，操作期货就如同学骑却踏车一样，刚开始难免摇摇晃晃，甚至摔倒，经过一段时间，才能风驰电掣，转变自如。期货市场中必须花多久时间才能纵横自如？答案很笼统，从两个星期到两年都有可能，全靠投资人自己的努力和天分。

3. 勿期望过高　有些书籍基于激励士气的考量,往往画出大饼,勉励投资人。我认为这是个极大的陷阱。进入期货市场之时,抱着"未思其成,先虑其败"的心理,谦冲以对,反倒容易成功。先预设自己刚开始做交易时将会有小损失,过一段时间后逐渐达到损益平衡,再磨练一段时间才开始获利赚钱,应是长久待在期货市场,获利致富的第一步。

4. 勿被杂音干扰　期货的世界里,有数不尽的投资讲座、杂志、投资周刊、操作系统的介绍等,可说是资讯泛滥的世界。有许多投资人,常在资讯洪流中载沉载浮,不知所终。

根据我的经验,你所参加的每一场讲座、所测试的每一套操作系统、所购买的每一套软件,都将耗费你的时间、精力以及金钱。期货是世界上最贵的商品,为它倾家荡产的人,比因它而发财致富的人,多了百、千倍。因此,坚守自己的游戏方法,不受杂音干扰,是唯一能确保利润,不被资讯洪流淹没的方法。

5. 承认失败　有些原本想做当日冲销的投资人,进场建立头寸之后,一直到临收盘前,都没有获利了结的机会,就想留仓,等明天有好价钱再卖。根据我的经验,这种做法都是大输小赢,恶果连连。我们应该谨守当日冲销的第一原则,每日平仓出场,即使是一项失败的交易,也忍痛平仓,明日再重辟战场。

6. 每日订定目标　当日冲销者的目标很简单,就是每天订定赚钱的目标,且在收盘之前,实现这项目标。目标订定得太高,显然不切实际;目标订定得太低,则不符成本。如何拿捏分寸,确是一门学问。

此外,严格遵守自己的交易规范,也是一种目标。每天进场前,务必严格要求自己实现此一目标。

7. 做好收盘前的准备　对当日冲销者而言,收盘就表示当天自己的交易活动全部结束。不论所持有的头寸是盈是亏,都必须平仓了结。显然亏损的头寸,准备狠下心来接受损失;已获利的头寸,也必须选择最好的时点和价位获利了结。

8. 勿让盈余转为亏损 有些当日冲销者建立头寸以后,马上出现账面盈余,却忽略了获利平仓的契机,最后竟变成赔钱的生意。我建议一旦建立头寸以后,马上随行情变化,设定止损价位。行情反转时,就可确保利润。

9. 勿浮滥进出 许多当日冲销者都有或多或少的"交易狂"倾向。当市场平静无波时,仍然积极地在电脑前寻找交易标的,甚至以前从未注意过的商品,也列入研究的目标。想要成为一个成功的投资人,切勿盲目寻找实际上不存在的赚钱机会。不浮滥进出,是迈向成功的大原则之一。

10. 莫犹豫 在期货市场里,犹豫不决乃兵家大忌。该进场时不进场,该认赔不认赔,该获利时不获利。一步错,步步错,既损失金钱,又弄得信心全无,何苦来哉?

11. 详记交易日记 引史为鉴,不但是治国做人的大道理,也是期货交易的守则。每日详细记述自己的交易记录,原因、心得检讨,随时翻阅,一来师法赚钱的交易,二来免蹈赔钱的覆辙,成功之途不远矣。

12. 不可紧盯行情 投资人的心理,往往会随着行情上下起伏,而破坏原先的作战计划,章法大乱。事实上,我们所介绍的各种技术指标和操作方法,也不需要紧盯盘势。与行情保持适当的距离,是确保按照计划操作的重要方法。

13. 有疑点时,按兵不动 有些技术指标或进场、出场信号,不是非常明显,或受到谣言、突发事件,甚至大户进出场等因素的影响,使技术指标失真。在这种状况下,一动不如一静,静观其变方是上上之策。

14. 勤做功课 根据我的观察,在市场上频频进出的人,很少持之以恒地做研究工作。有些投资人起初很努力,但是经过一段时间,掌握了某项技术指标的诀窍,熟悉了某项操作方式,就逐渐懈怠下来。却没料到市场结构每日变化,以往赚钱的方法和工具,终于会变成赔钱的陷阱。业精于勤而荒于嬉,投资人不可不慎。

15. 经常检讨战果 有些投资人不太喜欢检讨自己的交易成绩,以免让低劣的表现影响信心。这实在是一种驼鸟心态,不足取法。我建议当日冲销者随时检讨自己每一笔交易,以及每一天的交易成果,进而检讨自己所使用的技术指标和操作方式。唯有充分了解自己的盈亏,才能明白自己的优点和缺点,再创佳绩。投资人可以在自己的电脑内设计一张简单的会计报表,或用会计簿计算自己的盈亏。当盈亏记录显示平均盈余较平均亏损多时,表示目前的操作并无问题。如果平均亏损较平均盈余还大,就显示你的操作方式有问题,必须改弦更张,才能创造利润。

16. 简单就是美 如果你已经从事期货交易一段时间,或许你已发觉,你的操作方式愈来愈复杂。每次一遇到挫折,你就在自己的操作方式中再加上一项限制,或在技术指标中再多加一项因子。这些方式,根本对交易毫无助益。愈简单的技术指标和方法,才是创造利润的基础。

17. 勿相信市场神话 市场里的投资人,通常都会相信商品行情与某些事件有相关性。然而统计数字显示,某事件与商品行情的相关性,很少有持续数年之久。因此,切勿一厢情愿地相信市场中流传的神话。

18. 勿使用倒金塔法操作 由于期货操作所缴交的保证金,可以用尚未实现的获利头寸来抵缴。有些经纪人即劝说投资人,当商品行情往自己所预测的方向移动时,可以使用倒金字塔方式加码。譬如,原先只有一手头寸,获利之后,即可再加码两手,行情再顺向移动,再加码4手,8手……投资人只要仔细一想,就知道这是一个头重却轻的倒金字塔,一旦行情反转,倒金字塔顷刻崩溃,后果不堪设想。

切莫听信经纪人的蛊惑,以倒金字塔形的方式加码。正字金塔形的加码方式,倒可以尝试。

19. 选择活泼的商品 波动性与流动性是否充分,是当日冲销选择交易标的两大考量因素。没有波动,当日冲销根本无利可图。缺乏流动性,则进场难,出场也难,更是失去当日冲销原来的目的。因此,根据波动性与流动性两大原则来选择当日冲销的商品,相当重要。

20. **反市场操作** 大多数的喷出行情和直坠行情,都发生在众人意想不到的节骨眼上。大众心理学确是帮助当日冲销者获利致胜的重要工具。如果你发现绝大部分的投资人都看好的时候,不妨反手做空;而绝大多数投资人都看空的时间,逆向做多,相信必有斩获。

上列 20 项建议,是当日冲销的期货投资人必须具备的各项条件。不过,如果读者根据自己的操作经验,也归纳自己的原则或座右铭,相信更是能促使自己成为一个成功当日冲销者的重要方法。

著作权合同登记号 图字:04-2010-037 号

The Compleat Day Trader: trading system, strategies, timing indicators, and analysis methods
Copyright©1995 by Jake Bernstein
ISBN 978-0-07-009251-6
All rights reserved. No part of this publication may be reproduced or transmitted in any form or by any means, electric or mechanical, including without limitation photocopying, recording, taping, or any database, information or retrieval system, without the prior written permission of the publisher.
This authorized Chinese translation edition is jointly published by McGraw-Hill Education (Asia) and Shanxi People's Publishing House. This edition is authorized for sale in the People's Republic of China only, excluding Hong Kong, Marco SAR and Taiwan.
Copyright © 2011 by McGraw-Hill Education (Asia), a division of the Singapore Branch of The McGraw-Hill Companies, Inc. and Shanxi People's Publishing House.

本书简体中文版由山西人民出版社和美国麦格劳－希尔教育（亚洲）出版公司合作出版。未经出版者预先书面许可，不得以任何方式复制或抄袭本书的任何内容。

版权所有,违者必究。
本书封底贴有 McGraw-Hill 公司防伪标签,无标签者不得销售。

版权登记号 04-2011-007
ISBN 978-7-203-07227-0

价格行为交易系统（PA，裸K）三部曲

◎ 阿尔·布鲁克斯是华尔街技术分析大师，在价格行为（PRICE ACTION，简称PA，又称裸K）分析领域做出了很多开创性贡献，被尊为"鼻祖"，在全球股票、期货、外汇交易领域都拥有极大的影响力。

◎ 在数十年的交易实践和研究中，阿尔出版了三部著作：

微信扫码
了解详情

◎《高级趋势技术分析》的最大价值在于它阐明了如何理解价格行为，以及逐根K线分析走势图的意义，如何追踪由主力机构所推动的形态，通过小止损、早入场的策略，让主力机构为散户"抬轿"并最终获利。
该书精髓包括：如何交易趋势、交易区间、突破和反转；讲述了可用于识别趋势和交易区间的趋势线和趋势通道线这两个基本工具；每一种类型K线的重要性，以及交易者下单时应该了解的一些数学原理。

◎《高级波段技术分析》讲述如何对价格行为进行技术分析以识别交易区间，并从中获利。
该书精髓包括：交易区间向趋势的过渡，理解缺口，理解支撑和阻力，理解市场突破，趋势向交易区间的过渡，交易区间的常见特点和交易案例，订单和交易管理技术，精准入场和离场。

◎《高级反转技术分析》详细讨论每种反转类型的特点，便于读者在日常交易中灵活运用。虽然价格行为分析在各种周期中都有效，但对于日内和日间、周线和月线还是有不同的运用方法。
该书精髓包括：如何处理市场波动和剧烈反转；如何运用期权去交易特定的形态；如何处理交易中的各种情绪。

威廉·江恩经典名著套装

◎ 威廉·江恩，充满神奇色彩的技术分析大师、投资家、哲学家，与杰西·利弗莫尔、理查德·威科夫并称为20世纪前半叶"华尔街三巨头"。在纵横华尔街的53年交易生涯中，江恩在股票和期货市场的胜率无人能及，获取了巨额财富。

◎ 江恩所使用的分析技术和方法极其神秘，是以古老数学、几何学和星象学为基础，其预测具有超高的准确性，因此江恩理论在过去100年里倍受全球交易者追捧。

微信扫码
了解详情

◎ 《江恩商品期货教程》+《江恩股票市场教程》本套装囊括江恩理论绝大部分重要内容，包括江恩投资法则、3日转向图、几何角度线、时间与价格成正方、江恩九方图、江恩六边形、江恩圆周图、螺旋图表、行星经度与价格变化等，是有史以来公认的权威技术分析经典之一。

本套装附赠江恩技术讲解视频。

◎ 《江恩教程图表册》后来者对江恩商品期货和股票市场教程的学习都是基于一系列丰富的具有极高价值的江恩图表。如果离开了对应的图表，很难准确理解原文。这些图表都是江恩大师留下的珍贵手稿，我们只能选取少部分可以缩小的图表加在书中，而大量的手绘图、彩图、全幅大图和超大尺寸高清图，没有办法全部装订在教程中，因此我们将它们单独印制，封装在特别设计的精美包装盒中，并附上相应的中文说明。

◎ 《江恩技术研究（江恩手稿精解）》是比利·琼斯在购买了江恩遗留下来的大量原始手稿资料版权之后，十年潜心研究江恩技术的成果，挖掘出很多江恩本人用过但尚未公开的技术方法，被誉为"隐秘的财富之书"，能帮助江恩爱好者解决学习和实战应用中的疑惑。

◎ 《江恩技术手稿解密：晋源解读版》该书对江恩各个时期的原著手稿进行了梳理，从一线实战交易者的视角出发，将江恩原著中那些跳跃度极大的知识点条理化，将图表讲透，方便交易者学习使用。

◎ 该书作者晋源先生将通过视频讲解＋江恩天书智能版软件＋社群陪跑等"三合一"的方式，为渴望成功又能潜心研究的江恩理论爱好者提供周到的支持，帮助大家突破江恩研究的瓶颈，能够在交易市场的激流中开始冲浪。